PHILOSOPHES ET PENSEURS

Jean DIDIER

I0167055

Condillac

BLOUD & Cie

S. et R. 627

PHILOSOPHES ET PENSEURS

COLLECTION DE VOLUMES IN-16 A **0** FR. **60** LE VOLUME

VIENNENT DE PARAITRE :

BERKELEY, par JEAN DIDIER. Un vol. in-16 broché *(n° 617)*. **0 60**
CONDILLAC, par le même. Un vol. in-16 broché *(n° 627)*... **0 60**
GUYAU, par PAUL ARCHAMBAULT. Un vol. in-16 broché *(n° 613)*. **0 60**
MALEBRANCHE, par J. MARTIN. Un vol. in-16 broché *(n° 626)*. **0 60**

PRÉCÉDEMMENT PARUS :

ARISTOTE, par P. ALFARIC. Un vol. in-16 broché *(n° 337)*.. **0 60**
BUCHEZ (1796-1865), par G. CASTELLA. Un vol. in-16 broché
(n° 582).. **0 60**
AUGUSTE COMTE, *sa vie et sa doctrine*, par MICHEL SALO-
MON. Un vol. in-16 broché *(n° 255)*..... .... **0 60**
COURNOT, par F. MENTRÉ, *professeur de philosophie*. Un
vol. in-16 broché *(n° 440)*.............................. **0 60**
CH. DARWIN, par EMILE THOUVEREZ, *professeur à la
Faculté des lettres de Toulouse*. Deux vol. in-16 brochés
(n°° 438-439).. **1 20**
EPICURE et l'Epicurisme, par HENRI LENGRAND, *professeur
de philosophie*. Un vol. in-16 broché *(n° 389)*............. **0 60**
J. G. FICHTE, par E. BEURLIER, *agrégé de philosophie*. Un
vol. in-16 broché *(n° 332)*................................ **0 60**
CH. FOURIER, par A. LAFONTAINE. Un vol. in-16 broché
(n° 600)... **0 60**
GALILEE, par le baron CARRA DE VAUX. Un vol. in-16
broché *(n° 503)*.. **0 60**
GOBINEAU, par A. DUFRÉCHOU. Un vol. in-16 broché *(n° 412)*. **0 60**
TH. JOUFFROY, par MICHEL SALOMON. Un vol. in-16 broché
(n° 413)... .... **0 60**
E. KANT, par EUGÈNE BEURLIER, *agrégé de l'Université*. Un
vol. in-16 broché *(n° 236)*................................ **0 60**
LEIBNIZ, par le baron CARRA DE VAUX. Un vol. in-16 bro-
ché *(n° 429)*.. **0 60**
LEONARD DE VINCI, par le même. Un vol. in-16 broché
(n° 573).. **0 60**
JOHN LOCKE, par JEAN DIDIER. Un vol. in-16 broché *(n° 596)*. **0 60**
NEWTON, par le baron CARRA DE VAUX. Un vol. in-16 bro-
ché *(n° 437)*.. **0 60**
PHILON-LE-JUIF, par M. LOUIS. Un vol. in-16 broché *(n° 594)*. **0 60**
RENOUVIER, par PAUL ARCHAMBAULT. Un vol. in-16 broché
(n° 598).. **0 60**
SOCRATE, par GEORGES CHANTILLON, *licencié ès lettres et
en philosophie*. Un vol. in-16 broché *(n° 462)*.............. **0 60**
La Philosophie grecque avant Socrate, par ALBERT
LECLÈRE, *professeur à l'Université de Berne*. Deux vol.
in-16 brochés *(n°° 480-491)*.. .... **1 20**
HERBERT SPENCER, par EMILE THOUVEREZ. Un vol. in-16
broché *(n° 331)*.. **0 60**
BENOIT SPINOZA, par PH. BORRELL. Un vol. in-16 broché
(n° 595).. **0 60**
STUART MILL, par EMILE THOUVEREZ, *professeur à la Faculté
des lettres de Toulouse*. Un vol. in-16 broché *(n° 362)*..... **0 60**
H. TAINE, par MICHEL SALOMON. Un vol. in-16 broché *(n° 210)*. **0 60**

*Les N°° placés à la suite des volumes indiquent la numérotation
des ouvrages dans la Collection " Science et Religion ".*

PHILOSOPHES ET PENSEURS

CONDILLAC

PAR

Jean DIDIER

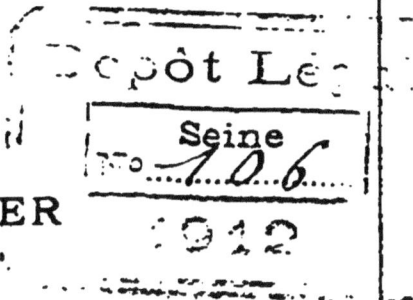

PARIS

LIBRAIRIE BLOUD & Cⁱᵉ

7, PLACE SAINT-SULPICE, 7

1 ET 3, RUE FÉROU -- 6, RUE DU CANIVET

1911

DU MÊME AUTEUR

John Locke *(596)* .... I vol.
Berkeley *(617)* .... I vol.

Sous presse :

L'Ancien Stoïcisme.

Préface

Condillac est un philosophe méconnu. Höffding lui consacre deux pages ; Überweg-Heinze, quelques lignes. En France, mis à part les ouvrages vieillis de Robert et de Réthoré, ne comptent guère que les introductions aux éditions classiques du *Traité des sensations* (livre I) de MM. Picavet et G. Lyon. Le livre de M. Dewaule, *Condillac et la psychologie anglaise contemporaine*, est issu d'une idée fausse. M. Colonna d'Istria a d'excellentes pages dans un article sur Pinel. L'œuvre de Condillac est touffue et confuse : 16 volumes dans l'édition Lecointe-Durey de 1821-22; à elle seule, l'*Histoire* ancienne ou moderne contient 8 volumes. On ne trouvera rien ici sur le professeur de grammaire, de style ou d'histoire. Mais nous avons cherché à montrer l'unité et l'homogénéité d'une doctrine très cohérente et fortement systématique. Il y a eu non pas évolution, mais développement intérieur, à un triple point de vue : élargissement extensif, approfondissement intrinsèque des principes, affermissement de leurs rapports de dépendance. Aussi pensons-nous offrir à l'étude de Condillac une contribution sérieuse et jusqu'à maintenant inexistante.

CONDILLAC

I

Vie et ouvrages.

Etienne Bonnot de Condillac, abbé de Mureaux, naquit à Grenoble en 1715. Mably était son aîné ; Mme de Tencin, sa tante. Un de ses oncles, grand prévôt de Lyon, avait confié l'éducation de ses deux enfants à Jean-Jacques Rousseau, qui y passa l'année 1740. Condillac le connut en 1742. « J'ai vu dans un âge assez avancé, dit de lui Rousseau dans l'*Emile,* un homme qui m'honorait de son amitié, passait dans sa famille pour un esprit borné ; cette excellente tête se mûrissait en silence. » Dans les *Confessions,* il écrira plus tard : « Je suis le premier peut-être qui ai vu sa portée et qui l'ai estimé ce qu'il valait. » Il le présenta à Diderot : « ils étaient faits pour se convenir, ils se convinrent. » Ils dînaient les trois ensemble, une fois la semaine, à l'hôtel du Panier-Fleuri, au Palais-Royal. Jean-Jacques le fit dépositaire d'un manuscrit où se trouvait le dialogue : *Rousseau juge de Jean-Jacques.*

En 1746, Condillac avait publié l'*Essai sur l'origine des connaissances humaines ;* le *Traité des systèmes* en 1749. Diderot y fit de larges emprunts pour ses articles *Divination* et *Systèmes* de l'Encyclopédie. Condillac n'y collabora jamais. Depuis longtemps, Locke, lu dans la traduction de Coste (Condillac ne savait ni l'anglais, ni l'allemand), était son livre favori. Il était alors lié à Duclos, à d'Alembert, Mairan, Cassini, Barthélemy, Helvétius, etc.

En 1754, parurent le *Traité des sensations* et le *Traité des animaux.*

Quelques années après, il fut appelé à Parme pour être précepteur de l'infant, petit-fils de Louis XV. L'élève avait 7 ans. « Il fallait être enfant, écrit Condillac, plutôt que précepteur. Je le laissai donc jouer, et je jouai avec lui ; mais je lui faisais remarquer tout ce qu'il faisait, et comment il avait appris à le faire ; et ces petites observations sur ses jeux étaient un nouveau jeu pour lui. Il reconnut bientôt qu'il n'avait pas toujours été capable des mouvements qu'il avait cru jusqu'alors lui être naturels; il vit comment les habitudes se contractent ; il sut comment on en peut acquérir de bonnes, et comment on peut se corriger des mauvaises. » Il se familiarisa « en moins d'un mois » avec les idées philosophiques fondamentales de son maître. — Comme faisaient les hommes au début de l'histoire, « le prince bêcha son champ, sema du blé, le vit croître, le vit mûrir et le moissonna.» Condillac pratiquait ainsi les leçons de choses et la philosophie. « Je vous donnerai, disait-il à son élève, dans l'espace de quelques jours, l'expérience de plusieurs siècles. »

Ils lurent d'abord ensemble les poètes français, Racine surtout. « Nous nous bornâmes, pendant un an ou même davantage, à la lecture de Racine, que nous recommençâmes une douzaine de fois. De tous les écrivains, c'était le plus propre à former le goût : aussi le prince l'apprit-il presque tout par cœur. » Le latin ne fut abordé qu'après. « Quel avantage aurais-je trouvé à lui faire lire en latin des choses qu'il n'aurait pas entendues en français? » Il l'apprit facilement, par la lecture, non par la grammaire. — Puis, furent lus : plusieurs tragédies de Corneille, tout Molière, tout Regnard, tout le théâtre de Voltaire.

Enfin, pendant six ans, ils firent de l'histoire. « Je considérai l'histoire comme un recueil d'observations qui offre aux citoyens de toutes les classes des vérités relatives à eux... Il faut que l'histoire soit un cours de morale et de législation. » Un choix est à faire dans les faits, qui comprendra tout ce qui a concouru « à former les sociétés civiles, à les perfectionner, à les défendre, à les corriger, à les détruire. » Une division en périodes se termine chaque fois à une « révolution ». Mably écrivit pour le prince sur l'*Esprit des études historiques* des réflexions où il prêchait la rudesse républicaine et les vertus de Lacédémone.

En même temps, l'élève apprenait la physique, les mathématiques, même le calcul différentiel, l'attaque et la défense des places : Louis XV avait envoyé deux plans de places fortes en relief. Les ouvrages de Mme du Châtelet l'avaient initié à Newton.

Les principes pédagogiques de Condillac étaient excellents. « Les vraies connaissances sont dans la réflexion qui les acquiert, beaucoup plus que dans la mémoire qui s'en charge, et on sait mieux les choses qu'on est capable de retrouver. » Et encore : « Voulez-vous écarter les flatteurs ? Il n'est qu'un moyen : soyez plus éclairé qu'eux. » — L'infant fut inoculé par le célèbre Tronchin et l'épreuve ne fut pas sans péril. Condillac, avec une touchante sollicitude, lui prodigua des soins paternels, il y gagna même la petite vérole. — En 1765, le prince régna. « J'apprends qu'il passe la journée à voir des moines, écrivait d'Alembert à Voltaire en 1769, et que sa femme, autrichienne et superstitieuse, sera la maîtresse. » Condillac avait composé, de 1769 à 1773, son cours d'études : la *Grammaire*, l'*Art d'écrire*, l'*Art de raisonner*, l'*Art de penser*, l'*Histoire générale* (ancienne et moderne) *des hommes et des empires*. La cour d'Espagne s'opposa, en 1775, à la publication de ces ouvrages. Cependant, il en avait circulé beaucoup d'exemplaires, et en 1782, une édition parut à Deux-Ponts.

En 1767, Condillac revint à Paris. Il fut élu à l'Académie française, où il succéda à d'Olivet. Dans la suite, il ne parut plus aux séances. Il était déjà membre de l'Académie royale de Prusse.

En 1766, il publia le traité *Du commerce et du gou-*

vernement, considérés relativement l'un à l'autre. Il était membre de la Société royale d'agriculture d'Orléans. Il voulait faire la langue de la science économique. Grimm y voyait le catéchisme de cette science. L'ouvrage fit quelque bruit et suscita une polémique assez vive, de la part des physiocrates Le Trosne et l'abbé Baudeau. Condillac procédait là comme toujours par hypothèse : « Supposons une peuplade » : la monarchie des Troyens. J.-B. Say se moque de ce « babil ingénieux ». Mais l'auteur avait le mérite de s'élever contre Quesnay, très populaire alors, et contre sa théorie de l'improductivité de l'industrie : matières brutes et richesses sont synonymes. Il annonça et éclaircit même certains principes d'Adam Smith, dont l'*Essai sur la richesse des nations* parut la même année. Henri Baudrillart le trouve excellent sur la monnaie. D'après notre auteur, ce sont les besoins qui déterminent les valeurs. dans l'échange, où chaque contractant est supposé s'enrichir d'un gain quelconque, on ne donne jamais valeur égale pour valeur égale. Toute la philosophie de Condillac est dominée par l'attrait des besoins.

En 1777, le comte Potocki, au nom du Conseil préposé à l'éducation des jeunes Polonais, lui demanda une *Logique,* comme on avait demandé à Rousseau un traité *Du gouvernement de la Pologne.* Le livre parut en 1780, quelques mois avant sa mort.

Condillac mourut en 1780, dans sa terre de Flux, près de Beaugency, laissant inachevée la *Langue des calculs.* Elle parut en 1798, avec une nouvelle édition (définitive) de ses œuvres complètes. « Sa vie tout entière consacrée au travail, écrit M. Picavet, fut d'une dignité parfaite, et aucun des adversaires acharnés qu'a rencontrés sa doctrine, n'a pensé à attaquer ses mœurs. Il y a bien peu d'écrivains célèbres au XVIII° siècle de qui on puisse faire un pareil éloge. » Condillac n'avait jamais exercé les fonctions sacerdotales.

II
Analyse de l'entendement

L'œuvre maîtresse, l'ouvrage fondamental de Condillac n'est point, comme on le croit d'ordinaire, le *Traité des sensations,* mais l'*Essai sur l'origine des connaissances humaines,* sa première production. Dans ce livre, toutes les conceptions de sa philosophie ultérieure sont implicitement renfermées, sinon tout à fait développées. Certaines conclusions n'apparaissent pas dans toute leur ampleur, avec toute l'extension qu'elles peuvent acquérir. L'hypothèse de la statue ne fait que corriger la théorie du tact et préciser l'art du discernement.

Condillac est l'élève de Locke. Sans doute, Bacon est peut-être le premier qui ait *aperçu* cette vérité primordiale : que toute connaissance vient des sens. Mais Locke l'a *démontrée* le premier : il s'est ouvert et frayé une route qui n'avait point été battue avant lui. « C'est lui qui a le plus contribué à me faire connaître l'esprit humain... Il est neuf pour le fond et en général pour les détails », où il montre une sagacité singulière. Mais il manque d'ordre et de méthode : il entreprit et continua son traité par occasion. Il n'eut pas le courage de le recommencer. Son grand tort fut de considérer les facultés intellectuelles comme innées. Il n'a pas donné une analyse complète de l'entendement.

Condillac détermine ainsi le but de l'*Essai* : « Notre premier objet, celui que nous ne devons jamais perdre de vue, c'est l'étude de l'esprit humain, non pour en découvrir la nature, mais pour en connaître les opérations, observer avec quel art elles se combinent, et comment nous devons les conduire, afin d'acquérir toute l'intelligence dont nous sommes capables. *Il faut remonter à l'origine de nos idées, en développer la génération* (il appelle cela en faire la *psychologie*), les suivre jusqu'aux limites que la nature leur a prescrites, par là fixer l'étendue et les bornes de nos connaissances, et *renouveler tout l'entendement humain.* » C'est, repris et précisé, le but même de Bacon et de Locke. La méthode suit. « Ce n'est que par la voie des observations que nous pouvons faire ces recherches avec succès, et nous ne pouvons aspirer qu'à découvrir *une première expérience* que personne ne puisse révoquer en doute, et qui suffise pour expliquer toutes les autres. Elle doit montrer sensiblement quelle est la source de nos connaissances, quels en sont les matériaux, par quel principe ils sont mis en œuvre, quels instruments on y emploie, et quelle est la manière dont il faut s'en servir. J'ai, ce me semble, trouvé la solution de tous ces problèmes dans *la liaison des idées, soit avec les signes, soit entre elles.* » Ce texte contient les fondements du condillacisme : il s'agit de découvrir un fait premier *unique,* origine de tous les autres faits de la conscience, et l'instrument de la « génération », du développement de ces faits à partir du premier : la liaison des idées.

Locke distinguait deux sources de connaissances : la sensation et la réflexion. Pour son disciple, il n'y en a plus qu'une. « Les sensations et les opérations de l'âme sont les matériaux de toutes nos connaissances : matériaux que la réflexion met en œuvre. » Le *Traité des sensations* est plus explicite : la source des connaissances est « une,... soit parce que la réflexion n'est dans son principe que la sensation même, soit parce qu'elle est moins la source des idées que le canal par lequel elles découlent des sensations. »

Donc, le premier et le moindre degré de la connaissance, c'est d'apercevoir. Perception et conscience sont identiques. Condillac admet cependant qu'il y ait des impressions si légères que, tout en affectant momentanément la conduite, elles ne laissent pas de trace dans la mémoire. Telles sont les actions faites par habitude. Mais il y a là faute d'attention uniquement. Il y a des instants où « quoique éveillés, nous ne faisons que végéter ; les sensations ne sont que des sensations ». La nature de la perception est ignorée, sa cause physique inconnue. Quelque chose se passe dans les nerfs et le cerveau, mais nous ne savons exactement quoi. Il n'y a ni cordes tendues, ni traces, ni empreintes. « J'ignore, dit-il, dans la *Logique,* s'il y a des esprits animaux, j'ignore même si les nerfs sont l'organe du sentiment. Je ne connais ni le tissu des fibres, ni la nature des solides, ni celle des fluides ; je n'ai en un mot de tout ce mécanisme qu'une idée fort imparfaite et fort vague. Je sais seulement qu'il y a un mouvement qui est le principe de la végétation et de la sensibilité. »

L'*attention* est une perception dominante, exclusive. Elle suppose deux choses : la direction des sens ou des organes sur un objet, la sensation même de l'objet plus particulièrement remarquée. La direction organique n'est que la cause de l'attention. Ou bien, on peut considérer la tension des sens comme une activité psychique. « On n'écoute que ce qu'on veut entendre par préférence ; et l'*organe agit* pour se fermer, en quelque sorte, à tout bruit qui pourrait nous distraire... Or, cette action, ainsi considérée, est une opération de l'entendement. Voilà donc une opération de l'entendement qui a un nom. » *(Grammaire)* Les choses attirent notre attention par le côté où elles ont le plus de rapport avec notre tempérament, nos passions, nos besoins. Changent-ils, les objets nous paraissent tout différents : nos habitudes en sont la cause.

De l'attention dérivent toutes les opérations de l'âme. D'abord la *réminiscence,* c'est-à-dire le sentiment par lequel nous rapportons à nous-mêmes nos perceptions et les reconnaissons.

L'attention a pour effet premier de *lier* fortement
les perceptions entre elles, d'après leur ordre de pré-
sentation. L'*imagination* réveille la perception même.
Elle a son principe dans la liaison qui est entre les
idées. L'ordre et la symétrie lui offrent de grands
secours : on imagine plus aisément une figure, à pro-
portion qu'elle est plus régulière. Mais l'imagination
non seulement omet les idées intermédiaires, mais
change leur ordre dans la mémoire ; les liaisons ima-
ginées effacent et modifient la chaîne des souvenirs.
Par là les idées se lient de mille manières différentes.

Il n'est rien, en effet, qui ne puisse prendre dans
notre imagination une forme nouvelle ; de qualités
dispersées, elle fait un tout original. Nous ne créons
pas proprement des idées. L'invention consiste à faire
des combinaisons neuves. Il y en a de deux espèces :
le talent et le *génie*. Ce dernier a un caractère original, il est inimitable. Il est produit par l'enthousiasme
et crée le sublime. L'enthousiasme est l'état d'émotion
forte qui, pour s'exprimer, choisit le sentiment le plus
vif et qui seul équivaut aux autres. Si cet état n'est
que passager, il donne lieu à un trait : tel le « qu'il
mourût » de Corneille, ou l'expression mosaïque :
« Dieu dit que la lumière soit, et la lumière fut. » S'il
dure, il peut produire une pièce entière.

Les liaisons fortes dont dépend l'imagination,
donnent lieu à des antipathies et à des penchants
bizarres. Locke y voyait l'origine de la folie. Condillac insiste : « Par le physique, l'imagination et la
folie ne peuvent différer que du plus au moins... Tout
dépend de la vivacité et de l'abondance avec lesquelles
les esprits se portent au cerveau. C'est pourquoi dans
les songes les perceptions se retracent si vivement,
qu'au réveil on a quelquefois de la peine à reconnaître
son erreur. Voilà certainement un moment de folie.
Afin qu'on restât fou, il suffirait de supposer que les
fibres du cerveau eussent été ébranlées avec trop de
violence pour pouvoir se rétablir. Ce même effet peut

être produit d'une manière plus lente. » Ainsi, le chagrin nous fait imaginer des châteaux en Espagne. Quand l'impression des esprits sera insensiblement parvenue à être la même que si nous étions en effet ce que nous avons feint, nous prendrons à notre réveil toutes nos chimères pour des réalités. La lecture des romans est dangereuse « pour les jeunes personnes du sexe dont le cerveau est fort tendre ». Les livres de dévotion donnent des « visions ». On ne saurait fixer le point où la folie commence. Il est vraisemblable que personne n'est exempt de liaisons désordonnées : la folie admet l'exercice de toutes les opérations, mais une imagination déréglée les dirige. C'est là l'écueil de la raison pour le plus grand nombre. Quelle prévention, quel aveuglement, même dans celui qui a le plus d'esprit ! La même imagination qui l'a séduit, le séduira encore.

« Le pouvoir de l'imagination est sans bornes. Elle diminue ou même dissipe nos peines et peut seule donner aux plaisirs l'*assaisonnement* qui en fait tout le prix. Mais quelquefois, c'est l'ennemi le plus cruel que nous ayons : elle augmente nos maux, nous en donne que nous n'avons pas, et finit par nous porter le poignard dans le sein. » Les sens agissant sur l'organe de l'imagination, cet organe réagit sur les sens. « La réaction de cet organe est plus vive que l'action des sens. La perception d'une douleur réveille dans mon imagination toutes les idées avec lesquelles elle a une liaison étroite. L'imagination renvoie aux sens plusieurs perceptions pour une qu'elle reçoit. Mes esprits sont dans un mouvement qui dissipe tout ce qui pourrait m'enlever aux sentiments que j'éprouve. Dans cet état, tout entier aux perceptions que je reçois par les sens et à celles que l'imagination reproduit, je goûte les plaisirs les plus vifs. Qu'on arrête l'action de mon imagination, je sors aussitôt comme d'un enchantement, j'ai sous les yeux les objets auxquels j'attribuais mon bonheur, je les cherche, et je ne les vois plus. Par cette explication, on conçoit que les plaisirs de l'imagination sont tout aussi réels et *tout aussi physiques* que les autres, quoiqu'on dise communément le contraire. Je n'apporte plus qu'un exemple. — Un homme tourmenté par la goutte et qui ne peut se soutenir, revoit, au moment qu'il s'y attendait le moins, un fils qu'il croyait perdu : plus de douleur. Un instant après, le feu se met à sa maison : plus de faiblesse. Il est déjà hors de danger que l'on songe à le secourir. Son imagination subitement et vivement frappée réagit sur toutes les parties de son corps, et y produit la révolution qui le sauve. »

L'imagination s'aide de tout ce qui peut lui être de quelque secours. Elle « emprunte ses agréments du droit qu'elle a de dérober à la nature ce qu'il y a de plus riant et de plus aimable pour embellir le sujet qu'elle manie. Rien ne lui est étranger, tout lui devient propre, dès qu'elle en peut paraître avec plus d'éclat. C'est une abeille qui fait son trésor de tout ce qu'un parterre produit de plus belles fleurs. C'est une *coquette* qui, uniquement occupée du désir de plaire, consulte plus son caprice que la raison... Là, elle affecte la douceur pour intéresser, ici la langueur et les larmes pour toucher ; et, s'il le faut, elle prendra bientôt le masque pour exciter des ris. Bien assurée de son empire, elle exerce son empire surtout.»

Si elle a surtout en vue les agréments, elle n'est pas opposée à la vérité. Toutes ses fictions sont bonnes, lorsqu'elles sont dans l'analogie de la nature de nos connaissances ou de nos préjugés ; mais dès qu'elle s'en écarte, elle n'enfante plus que des idées monstrueuses et extravagantes. La vérité serait souvent froide sans la fiction. « L'imagination est à la vérité ce qu'est la parure à une belle personne : elle doit lui prêter tous ses secours pour la faire paraître avec les avantages dont elle est susceptible. »

Ces belles pages de l'*Essai* sont recopiées en partie dans l'*Art de penser*.

L'imagination réveille la perception même ou l'émotion. La *mémoire* n'en rappelle que le nom, les circonstances, les signes, l'idée abstraite de perception : il n'y a entre les deux que la différence du plus et du moins, un progrès : la mémoire est le commencement d'une imagination qui n'a encore que peu de force ; on peut fort bien se souvenir d'une perception qu'on n'a pas le pouvoir de réveiller. Se rapportant aux deux facultés, la contemplation consiste à conserver sans interruption le nom ou les circonstances d'un objet qui vient de disparaître.

La mémoire est donc une suite d'idées qui forment une espèce de chaîne. Dans le souvenir, l'âme est active. Ainsi se constituent les « *idées intellectuelles* » qui s'opposent aux « idées sensibles » ou perceptions et qui « démêlent » les nouvelles sensations et permettent de les comparer aux anciennes. — La perfection de la mémoire exige une condition spéciale. Les signes auxquels est lié le souvenir et qu'il rappelle, sont de trois sortes : accidentels, naturels, arbitraires ou d'institution. « Nous ne saurions nous rappeler une chose qu'autant qu'elle est liée par quelque endroit à quelques-unes de celles qui sont à notre disposition. Or un homme qui n'a que des signes accidentels ou naturels n'en a point qui soient à ses ordres. Ses besoins ne peuvent donc occasionner que l'exercice de son imagination : ainsi il doit être sans mémoire. » Aussi, les bêtes n'ont point de mémoire et sont enfermées dans l'instinct. Mais aussitôt qu'un homme commence à attacher des idées à des signes qu'il a lui-même choisis, on voit se former en lui la mémoire. Par contre-coup, il dispose de son imagination et de son attention : il ne dépend plus de l'impression des choses. Un seul signe arbitraire suffit pour qu'il réveille de lui-même une idée. L'âme dispose alors d'elle-même et de ses perceptions. « Aussitôt que la mémoire est formée et que l'exercice de l'imagination est à notre pouvoir, les signes que celle-là rappelle et les idées que celle-ci réveille, commencent à retirer l'âme de la dépendance où elle était de tous les objets qui agissaient sur elle. »

Où se conserve le souvenir ? Ni dans l'âme (un dérangement dans le cerveau le fait disparaître), ni dans le corps. Le mouvement, cause physique et occasionnelle, se reproduit dans le cerveau et ramène l'idée : voilà tout. Autrement, le souvenir n'est « nulle part », de même que les sons d'un clavecin qui cesse de résonner. « On a ses idées dans la mémoire, comme on a dans les doigts des pièces de clavecin. » Il ne faut pas se le représenter comme un « vaste magasin ». Le cerveau renvoie aux sens les sensations qu'ils lui ont auparavant envoyées ; « il passe de lui-même par des mouvements qui lui sont familiers, et il rappelle des idées... Le même mécanisme, quel qu'il soit, donne, conserve et reproduit les idées... La mémoire nous parle en quelque sorte un langage d'action... La mémoire d'un air qu'on exécute sur un instrument a son siège dans les doigts, dans l'oreille et dans le cerveau. » (Logique.)

L'attention donne l'éveil à l'imagination et à la mémoire, et en reçoit des secours. La *réflexion* est l'attention appliquée tour à tour à divers objets ou aux différentes parties d'un seul ; ou bien une suite de jugements qui se font par une suite de comparaisons. De là naît l'*abstraction*. Abstraire, c'est séparer, « extraire » une idée d'une autre à laquelle elle est naturellement unie. Toute idée est d'abord particulière, puis elle devient générale, étant commune à plusieurs objets. Les idées générales sont des « idées partielles ». Ainsi l'idée d'homme « fait partie des idées totales de Pierre et de Paul. » Cette idée partielle n'a point de réalité hors de notre esprit. Les idées générales ne sont que des « *dénominations* ». Cette conception purement condillacienne (la théorie de l'abstraction est déjà dans Berkeley) est affirmée dès l'*Essai*. On ne peut pas « peindre l'homme en général » : on ne peut que le nommer. Mais ce principe a cette conséquence énoncée dans la *Logique* : « *Sans dénomination, pas d'idées abstraites* » ; et dans la *Langue des calculs* : « Idées abstraites et noms généraux sont au fond la même chose. » Quoi qu'il en soit, les idées générales nous sont nécessaires pour introduire de l'ordre dans nos connaissances, par la subordination des espèces aux genres selon le degré d'extension. « Nos idées commencent donc par être individuelles pour devenir tout à coup aussi générales qu'il est possible ; et nous ne les distribuons ensuite dans différentes classes qu'autant que nous sentons le besoin de les distinguer. Voilà l'ordre de leur génération. » *(Logique.)*

Le *jugement* n'est que la perception d'un rapport entre deux idées que l'on compare. Dès qu'il y a comparaison, il y a jugement. Or, la comparaison n'étant que l'attention donnée à deux choses, une « double attention », elle n'enferme que des sensations. Il en est donc de même du jugement.

Le *raisonnement*, enchaînement de jugements dépendant les uns des autres, n'est aussi par conséquent « que l'attention même » déterminée à porter explicitement un troisième jugement, parce qu'elle le voit implicitement renfermé dans deux jugements qu'elle a faits.

« *L'entendement*, comme le *moi*, n'est que la collection ou la combinaison des opérations de l'âme », leur résultat. La *raison* le couronne. Ce n'est que par elle qu'on peut se conduire sagement dans les affaires civiles et faire des progrès dans la recherche de la vérité. « Il nous est tombé en partage autant de raison que notre état le demandait. »

Il suit une conclusion de la plus haute importance : les opérations de l'âme « s'engendrent toutes de la première », c'est-à-dire de la sensation ; la comparaison, le jugement et le raisonnement ne sont que différentes manières de conduire l'attention, laquelle est une sensation unique ou plus vive. Toutes se ramènent donc à une seule, qui serait la conscience. Cette distinction est dans l'*Essai*. Le *Traité des sensations* a l'expression définitive : elles ne sont que la *sensation transformée*. (La *Grammaire* ajoute : « décomposée ou considérée successivement sous différents points de vue.) » Condillac conclut : « C'est donc des sensations que naît tout le système de l'homme : système complet dont toutes les parties sont liées et se soutiennent mutuellement. » Et : « C'est là un système qui s'est en quelque sorte fait tout seul. »

Du reste, la transformation de la sensation est subordonnée aux *besoins*. Sensation indifférente est une expression contradictoire. Par conséquent, c'est le plaisir ou la peine qui, occupant notre capacité de sentir produisent cette attention, d'où se forment la mémoire et le jugement. Nos premières idées ne sont que peines ou plaisirs. « La faculté de sentir est la première de toutes les facultés de l'âme, elle est même la seule origine des autres. » *(Traité des animaux.)* Etre attentif et désirer ne sont à l'origine que sentir. La même attention embrasse et lie les idées des besoins et celles des choses qui s'y rapportent. Et tous nos besoins tiennent les uns aux autres par des espèces de chaînes. Donc « toutes les facultés naissent d'une même origine : les sensations, s'engendrent par un même principe : le besoin, s'exercent par un même moyen : la liaison des idées. Voilà donc le système auquel il faut rapporter toutes les opérations des animaux » et des hommes.

Aussi bien, le désir même, manifestation du besoin, n'est-il que la sensation transformée. Le besoin ou privation d'une chose jugée nécessaire par la comparaison des plaisirs ou des peines, produit le malaise (léger) ou l'inquiétude (violente) : d'où mouvement vers l'objet ou désir. La passion est un désir habituel, vif et continu, dominant ou exclusif. Aimer est toujours synonyme de jouir ou de désirer ; les degrés sont le goût, le penchant, l'inclination. La volonté ou désir absolu est un sentiment tel que nous pensons qu'une chose désirée est en notre pouvoir. Je veux signifie : je désire et je pense que rien ne peut contrarier mon désir. « Le malaise, dans son origine, est un souffle léger qui peut devenir un aquilon furieux. Tant qu'on ne connaît pas ce qu'on a à craindre, on en suit toute l'impression, on lui obéit ; instruit au contraire par l'expérience, on dirige ses mouvements, on les suspend, on jette l'ancre. Il n'y a plus que des passions violentes qui puissent enlever cet empire. »

L'entendement et la volonté ou « faculté qui comprend toutes les habitudes qui naissent du besoin », ne sont que deux termes abstraits et ont leur origine commune dans la sensation.

La satisfaction des besoins nécessaires donne le *bonheur*. Il faut, en effet, distinguer deux états : l'exemption d'inquiétude et la jouissance même, et cette distinction sépare Aristippe et Epicure. Le premier est une volonté douce qui répand le calme dans l'âme ; la seconde, une volonté vive qui émeut et tend à produire le trouble. Celle-là doit toujours être le principal objet de nos désirs, et nous sommes heureux tant que nous en jouissons. Celle-ci ne fait pas le bonheur : elle y peut seulement conduire toutes les fois qu'elle est nécessaire pour amener le calme dans l'âme : il ne la faut donc pas rechercher pour elle-même. C'est dans le passage alternatif des besoins sentis à la jouissance et de la jouissance à d'autres besoins sentis pour jouir encore, que consiste tout le bonheur auquel nous pouvons prétendre. Et quand ce besoin a été le plus grand, quand les sentiments ont été les plus vifs, que reste-t-il à désirer ? On a suffisamment vécu. Tel Régulus mourant dans les tourments, mais jouissant de la gloire d'avoir fait son devoir.

Condillac parle très rarement de la *liberté* et il se souvient de Locke. La liberté renferme trois choses :

1. connaissance; 2. détermination volontaire et bien
nôtre, qui ne soit pas l'effet des circonstances ou d'une
cause plus puissante ; 3. pouvoir de faire ce que nous
voulons. La délibération n'est qu'une suite de notre
limitation et de notre ignorance : Dieu ne délibère
pas. Nous dépendons des objets par l'inquiétude, et la
réflexion tient la balance entre les désirs. Le motif
de la délibération est de faire des choix qui ne laissent
point de regrets. Toute action peut être considérée
comme réalisable en fait ou seulement en puissance.
Le pouvoir implique deux idées : qu'on ne fait pas
une chose, qu'il ne manque rien pour la faire. Se
connaître ce pouvoir, c'est se connaître libre. Il est
absurde de réduire le pouvoir à l'opposition de deux
actions contradictoires. On est nécessairement voulant ou ne voulant pas, se promenant ou ne se promenant pas. Il ne faut pas demander en général si on
a le pouvoir de vouloir et de ne pas vouloir : mais il
faut demander si, quand on veut, on a celui de ne
pas vouloir : et, si quand on ne veut pas, on a celui
de vouloir. — Avec Condillac, nous en sommes toujours à la liberté d'indifférence.

<hr>

III

La statue et les corps

« Le *Traité des sensations* est le seul ouvrage où
l'on ait dépouillé l'homme de toutes ses habitudes.
En observant le sentiment dans sa naissance, on y
démontre comment nous acquérons l'usage de nos
facultés... La nature nous donne des organes pour
nous avertir par le plaisir de ce que nous avons à
rechercher, et par la douleur de ce que nous avons à
fuir. Mais elle s'arrête là et elle laisse à l'expérience

le soin de nous faire contracter des habitudes, et d'achever l'ouvrage qu'elle a commencé. Cet objet est neuf et il montre toute la simplicité des voies de l'auteur de la nature. » Condillac se propose donc de montrer, sous une forme nouvelle et figurée, le *progrès dynamique,* le développement des facultés qu'il a analysées dans l'*Essai.*

Dans ce but, il imagine une statue « organisée intérieurement comme nous, et animée d'un esprit privé de toute espèce d'idées. Nous supposâmes encore que l'extérieur tout de marbre ne lui permettait l'usage d'aucun de ses sens, et nous nous réservâmes la liberté de les ouvrir, à notre choix, aux différentes impressions dont ils sont susceptibles ». Condillac dit : « Nous », incluant Mlle Ferrand, qui « m'a éclairé, dit-il, sur les principes, sur le plan et sur les moindres détails », qui « eut plus de part à cet ouvrage que moi », et ne fut point tout à fait contente de la première édition.

L'ouvrage comprend quatre parties : la première traite des sens qui par eux-mêmes ne jugent pas des objets extérieurs ; la seconde, du toucher ou du seul sens qui juge par lui-même des objets extérieurs ; la troisième, comment le toucher apprend aux autres sens à juger des objets extérieurs ; la quatrième, des besoins, des idées et de l'industrie d'un homme isolé qui jouit de tous ses sens. Comme nous manquons d'observations sur nos premières pensées et nos premiers mouvements, l'auteur se contentera de *deviner ;* puis il conclura : « Pourquoi n'en serait-il pas de même pour l'homme ? » « Le roman philosophique de cette indigente, si riche à la longue, sorte de parvenue de l'âme et de la pensée, tel est le sujet exact du *Traité des sensations.* » (G. Lyon.)

La statue est bornée d'abord au sens de l'odorat : ses connaissances « ne peuvent s'étendre qu'à des odeurs... Si nous lui présentons une rose, elle sera par rapport à nous une statue qui sent une rose ;

mais par rapport à elle ne sera que l'odeur même de cette fleur. » De même plus tard, lorsque son oreille sera frappée, *elle deviendra* la sensation qu'elle éprouvera. Voilà donc la statue enfermée en elle-même : un être borné à l'odorat ne peut se croire que les odeurs mêmes. Bien plus, la statue n'est qu'un état unique, indifférencié, uniforme. L'*Essai* avait déjà posé ces principes. « Soit que nous nous élevions, pour parler métaphoriquement, jusque dans les cieux, soit que nous descendions dans les abîmes, nous ne sortons point de nous-mêmes, et ce n'est jamais que notre propre pensée que nous apercevons. Quelles que soient nos connaissances, si nous voulons remonter à leur origine, nous arrivons enfin à *une première pensée simple,* qui a été l'objet d'une seconde, qui l'a été d'une troisième, et ainsi de suite. » En effet, il s'agit de montrer que la statue possède « avec un seul sens le germe de toutes nos facultés ». D'abord une sensation suffit.

« A la première odeur, la capacité de sentir de notre statue est tout entière à l'impression qui se fait sur son organe. Voilà ce que j'appelle *attention.* » La sensation durant et s'affaiblissant, naît la mémoire; mais la statue ne peut encore discerner l'activité de la mémoire, de la passivité de la sensation. A ce moment, il y a deux attentions. « Nous en pouvons actuellement remarquer une troisième qu'elle donne par l'imagination, et dont le caractère est d'arrêter les impressions des sens, pour y substituer un sentiment indépendant de l'action des objets extérieurs. » Elle ne peut toutefois distinguer entre imaginer et sentir. D'une façon générale, lorsqu'elle reconnaît une manière d'être, c'est sans être capable de s'en rendre raison. Démêlera-t-elle plusieurs odeurs qui se font sentir ensemble ? C'est la connaissance des corps odoriférants qui nous a appris à reconnaître deux odeurs dans une troisième. Si la statue sent ensemble deux odeurs qu'elle a senties séparément, il est donc peu vraisemblable qu'elle les reconnaisse, puisqu'elle ignore qu'elles viennent de deux corps différents : elle n'aurait qu'une idée. En résumé, elle n'acquiert du discernement que par l'attention qu'elle donne en même temps à une manière d'être qu'elle éprouve et à une autre qu'elle a éprouvée. Ainsi ses jugements ne s'exercent point sur deux odeurs senties à la fois ; ils n'ont pour objet que des sensations *qui se succèdent.*

De même, la statue confondra d'abord les sons ou les saveurs ; les sons et les odeurs, d'abord confondus, seront distingués par la mémoire comme dus à des organes différents. Quand les saveurs s'y ajouteront, « voilà son existence en quelque sorte triplée ». La vue démêlera les couleurs, non point les figures. La statue ne peut avoir l'idée que du passé : elle distingue bien trois instants, où elle fut odeur de jonquille, de rose et de violette : quatre, cinq, six au plus. Mais avant et après, elle n'apercevra qu'une durée indéfinie, où elle ne peut soupçonner ni commencement ni fin. C'est donc à son égard une éternité absolue et elle se sent comme si elle avait toujours été et qu'elle ne dût jamais cesser d'être. Même ceci n'est qu'une imagination vague. La nature et les circonstances nous apprennent donc l'analyse.

Notre statue étant capable de mémoire, elle n'est point une odeur qu'elle ne se rappelle en avoir été une autre. Voilà sa personnalité : car, si elle pouvait dire *moi,* elle le dirait dans tous les instants de sa durée, et à chaque fois son moi embrasserait tous les moments dont elle conserverait le souvenir. Tant qu'un être ne change point, il existe sans aucun retour sur lui-même ; mais aussitôt qu'il change, il juge qu'il est le même qui a été auparavant de telle manière, et il dit : moi. « Avant de pouvoir dire : je désire, il faut avoir dit : moi ou je. » C'est dans la manière d'être où elle se retrouve toujours, que la statue doit sentir ce moi qui lui paraît le sujet de toutes ses modifications. Cette manière d'être est le sentiment des mouvements respiratoires ou sentiment fondamental, « parce que c'est à ce jeu de la machine que commence la vie de l'animal : elle en dépend uniquement ». Elle pourrait dire moi, aussitôt qu'il est arrivé quelque changement à son sentiment fondamental.

Cependant, la statue n'a pas encore pleine conscience d'elle-même. Elle ne peut distinguer la veille du sommeil. Tout ce qu'elle éprouve étant endormie est donc aussi réel à son égard que ce qu'elle a éprouvé avant le sommeil, « elle se sent comme une vapeur légère qui, d'un moment à l'autre, se dissout et se reproduit ». Dans les songes, un grand nombre d'idées se trouve intercepté.

Jusqu'ici la statue ne se sent pas encore en possession d'un *corps*. Alors que le tact lui manque, « elle voit, elle sent, elle goûte, elle entend, sans savoir qu'elle a des yeux, un nez, une bouche, des oreilles ; elle ne sait pas qu'elle a un corps ». Même quand le tact lui est donné, le sentiment de l'étendue semble toujours absent ; elle ne connaît son existence que par l'impression confuse qui résulte du mouvement auquel elle doit la vie. Ce sentiment est uniforme : elle est comme si elle n'existait que dans un point. On sent la douleur comme dans un point toutes les fois qu'on la rapporte à une partie qu'on ne s'est pas fait une habitude de mesurer. Même des sentiments coexistants comme la chaleur, le froid, le chatouillement, etc., bien qu'ils se distinguent et soient « à cet égard les uns hors des autres », ne donnent aucune idée de l'étendue, puisqu'il n'en résulte ni contiguïté, ni continuité. Il en est de même de la couleur. Impossible cependant de concevoir une couleur sans étendue. « Dès que chaque couleur est étendue, plusieurs couleurs contiguës forment nécessairement un continu de plusieurs parties étendues et distinctes les unes des autres. Ce phénomène est une surface colorée. C'est

ainsi du moins que nous l'apercevons nous-mêmes.
Notre statue, lorsqu'elle juge qu'elle est à la fois plusieurs couleurs, se sentirait donc comme une surface
colorée... On ne peut refuser cette perception à la statue : car elle sent qu'elle se répète hors d'elle-même,
autant de fois qu'il y a de couleurs qui la modifient.
En tant qu'elle est le rouge, elle se sent hors du vert ;
en tant qu'elle est le vert, elle se sent hors du rouge,
et ainsi du reste. Elle se sent donc comme une étendue
colorée ; mais cette étendue n'est pour elle ni une
surface ni aucune grandeur déterminée. Elle n'est
pas une surface, parce que l'idée de surface suppose
l'idée de solide, idée qu'elle n'a pas et qu'elle ne
peut avoir. Elle n'est pas non plus une grandeur
déterminée : car une pareille grandeur est une étendue
renfermée dans des limites. Il est à la fois toutes les
couleurs qui le modifient en même temps ; et puisqu'il ne voit rien au delà, il ne saurait s'apercevoir
comme circonscrit ; parce qu'il est modifié à la fois
par plusieurs couleurs, et qu'il se trouve également
dans chacune, il se sent comme étendu, et parce
qu'il n'aperçoit rien qui le circonscrive, il n'a de son
étendue qu'un sentiment vague : c'est pour lui une
étendue sans bornes. Il lui semble qu'il se répète sans
fin, et ne connaissant rien au delà des couleurs qu'il
croit être, il est par rapport à lui comme s'il était
immense : il est partout, il est tout. »
Comment donc la statue se connaîtra-t-elle étendue, corporelle ? La première édition contenait ce
critère très approximatif : « Si le sentiment, tant
qu'il a été uniforme, et les sensations, tant qu'elles
n'ont pu se démêler, l'ont privée de toute idée d'étendue, elles ne l'en privent pas absolument, lorsque
cette uniformité et cette confusion cessent. » Mais
Condillac ne fut point satisfait de ce texte ; il ajouta
dans la deuxième partie un quatrième chapitre tout
nouveau. Il se trouve pris entre deux principes qui
apparaissent contradictoires : « Vous ne sauriez faire

de l'étendue qu'avec de l'étendue », et : « les sensations *n'appartiennent qu'à l'âme*, elles ne peuvent être que des manières d'être de cette substance : elles sont concentrées en elle, elles ne s'étendent point au delà. » « Les sensations ne sont pas dans les organes » *(Grammaire)*, qui ne sont que causes occasionnelles.

Voici la solution de la difficulté. « La première découverte que fait un enfant est celle de son corps... La nature ne lui montrerait pas son corps, si elle ne lui faisait jamais apercevoir les sensations qu'il éprouve que comme des modifications qui *n'appartiennent qu'à son âme*... La nature n'avait donc qu'un moyen de lui faire connaître son corps, et ce moyen était de lui faire apercevoir ses sensations non comme des modifications de son âme, mais *comme des modifications des organes*, qui en sont autant de causes occasionnelles. Par là, le moi, au lieu d'être concentré dans l'âme, devait s'étendre, se répandre et se répéter en quelque sorte dans toutes les parties du corps. Cet artifice, par lequel nous croyons nous trouver *dans des organes* qui ne sont pas nous proprement, a sans doute son fondement dans le mécanisme du corps humain, et sans doute aussi ce mécanisme aura été choisi et ordonné par rapport à la nature de l'âme. C'est tout ce que nous pouvons savoir à ce sujet. » M. G. Lyon voit là une naïveté. La difficulté est plus profonde.

L'embarras, la contradiction sont flagrants. Dans l'*Essai*, la première doctrine de Condillac est très nette. L'idée de l'étendue est primitive, constante. « Il faut absolument que notre corps porte sur quelque chose et que ses parties pèsent les unes sur les autres. De là naît une perception qui nous les représente comme distantes et limitées et qui par conséquent emporte l'idée de quelque étendue. » De même : « On ne peut avoir l'usage des sens qu'on n'ait aussitôt l'idée de l'étendue avec ses dimensions.

Celle du *solide* est donc une des premières qu'ils transmettent. » L'*Art de penser* reproduit ces textes. Dans le *Traité des Systèmes,* Condillac écrit : « La force que nous éprouvons en nous-mêmes, nous ne la remarquerons point comme appartenant à un être simple, nous la sentons comme répandue dans un tout composé. » Dans le *Traité des animaux,* même affirmation (contre Buffon) : « Je ne sens pas d'un côté mon corps, et de l'autre, mon âme ; *je sens mon âme dans mon corps ;* toutes mes sensations ne me paraissent que les modifications d'une même substance. L'unité de personne suppose nécessairement l'unité de l'être sentant ; elle suppose une seule substance simple modifiée différemment à l'occasion des impressions qui se font dans les parties du corps. Un seul moi formé de deux principes sentants, l'un simple, l'autre étendu, est une contradiction manifeste. » Dans l'*Art de raisonner* enfin, l'âme se sent « comme si elle était répandue dans tout notre corps » : le sentiment ne peut se tromper sur « la manière dont on paraît sentir ». — La clef de l'énigme nous apparaîtra bientôt.

De même qu'elle ignore d'abord qu'elle a un corps, la statue ne peut savoir qu'il existe des *objets extérieurs.* Si l'odorat et l'ouïe ne donnent aucune idée des objets extérieurs, c'est que par eux-mêmes bornés à modifier l'âme, ils ne lui montrent rien au dehors. Il en est de même de la vue : l'extrémité du rayon, qui frappe la rétine, produit une sensation ; mais cette sensation ne se rapporte pas d'elle-même à l'autre extrémité du rayon ; elle reste dans l'œil, elle ne s'étend pas au delà, et l'œil est alors dans le même cas qu'une main qui, au premier moment qu'elle toucherait, saisirait le bâton d'un bout. » (Condillac semble tenir particulièrement à cette comparaison qu'il attribue à Descartes. Il dit ailleurs : « Les rayons sont à ses yeux ce que les bâtons sont à ses mains, et l'œil peut être regardé comme un organe qui a en

quelque sorte une infinité de mains pour saisir une
infinité de bâtons. » Cette comparaison est com-
plètement logique pour les partisans de la théorie
« scientifique » de la perception : incidence, réflexion.)
— Privée du tact, la statue est incapable de supposer
que ses impressions lui viennent par les sens. Avec
le toucher tout change. La sensation de *solidité* a
ceci de particulier qu'elle fait saisir deux choses qui
s'excluent et où cependant l'âme s'aperçoit. « Voilà
donc une sensation par laquelle l'âme passe *hors
d'elle*, et l'on commence à comprendre comment
elle découvrira des corps. » Distinguant sa poitrine
et sa main, elle se sent également dans toutes deux.
Elle sent sous sa main une continuité du moi.
Ainsi, il ne lui arrive plus de se confondre avec ses
modifications. « Mais si elle touche un corps étranger,
le moi, qui se sent modifié dans la main, ne se sent pas
modifié dans ce corps. *Si la main dit moi, elle ne
reçoit pas la même réponse.* La statue juge par là *ses
manières d'être tout à fait hors d'elle*. Comme elle
en a formé son corps, elle en forme tous les autres
objets. La sensation de solidité, qui leur a donné de
la consistance dans un cas, leur en donne dans l'autre ;
avec cette différence que le moi, qui se répondait, cesse
de se répondre. » Cependant, elle « n'aperçoit *que
ses propres sensations* », non « les corps en eux-
mêmes ».

C'est donc le tact qui révèle à la statue le monde
extérieur. Et c'est lui qui en informe les autres sens.
« Elle ne se borne plus à juger l'odeur de la fleur,
elle l'y sent. » Si différentes odeurs sont réparties dans
différentes figures, « elle croira sentir une figure dans
une odeur, et toucher une odeur dans une figure ». Elle
attribuera à l'odorat des idées qui n'appartiennent
qu'au toucher. Il en est de même de l'ouïe, qui devient
ainsi plus subtil. Le toucher fera contracter aux yeux
l'habitude de juger sur une surface les couleurs,
d'elles-mêmes simples et inétendues. L'œil a besoin

des secours du tact pour se faire une habitude des mouvements propres à la vision ; pour s'accoutumer à rapporter ces sensations à l'extrémité des rayons ou à peu près ; et pour juger par là des distances, des grandeurs, des situations et des figures. Cette analyse est due au tact. De soi, la surface lumineuse est égale à la surface extérieure de l'œil et apparaît immense.

En conduisant tour à tour sa main de ses yeux sur les corps et des corps sur ses yeux, la statue « mesure les distances, elle les voit où elle les touche... Le renversement de l'image n'y met aucun obstacle, parce que, tant qu'ils n'ont pas été instruits, il n'y a proprement pour eux ni haut ni bas... *La main les force à juger d'après ce qu'elle sent en elle-même* » : à localiser, à circonscrire. Le mouvement leur apprend la distance.

Le tact est donc bien le sens révélateur de l'étendue : les diverses sensations, en nombre infini, et toutes relatives, qu'il nous donne, ne sont que des modifications de l'étendue. Cette sensation constante est la base de toutes les idées. Seul le tact forme des touts. — « Toutes nos connaissances viennent des sens et particulièrement du toucher, parce que c'est lui qui instruit les autres... Je ne sens que moi, et c'est dans ce que je sens que je vois au dehors ; ou plutôt je ne vois pas au dehors ; mais je me suis fait une habitude de certains jugements qui *transportent* mes sensations où elles ne sont pas. Le tact décompose en quelque sorte la lumière ; il sépare les couleurs, les distend sur les objets. » Devant les yeux, « *il déploie l'univers*... Au seul mouvement de ma paupière, je crée ou j'anéantis tout ce qui m'environne... Il fait des cieux et de la terre un spectacle enchanteur qui n'a de magnificence que parce qu'il y répand ses propres sensations ». Les autres sens sont « comme des extensions du *tact* ».

Condillac n'avait pas toujours pensé ainsi. Dans l'*Essai sur l'origine des connaissances humaines*, il refuse au tact tout privilège spécial par rapport à l'étendue. Il reprend le *problème de Molyneux* et, au contraire de Locke, le résout affirmativement : l'aveugle-né distinguera du premier coup à la vue un cube d'une sphère. « Quand je regarde un globe, je vois autre chose qu'un cercle plat. » Voltaire renchérit encore sur « Barclai » (Berkeley). Pour cet auteur, « toute la nature n'est qu'un point mathématique ». Condillac reprend : « Il me suffit que ceux qui voudront ouvrir les yeux conviennent qu'ils aperçoivent de la lumière, des couleurs, *de l'étendue*, des grandeurs, etc. Je ne remonte pas plus haut, parce que c'est là que je commence à avoir une connaissance évidente... De quelque sens que l'étendue vienne à notre connaissance, elle ne peut être représentée de deux manières différentes. » La section était intitulée : « De quelques jugements qu'on attribue à l'âme sans fondements. » Dans le *Traité des sensations*, Condillac est converti : « On doit rendre à M. Molyneux la justice d'avoir le premier formé des conjectures sur la question que nous traitons. Il me semble qu'on peut aujourd'hui démêler à peu près ce qui appartient aux yeux et ce qu'ils doivent au tact... L'œil est de tous les sens celui dont nous connaissons le mieux le mécanisme. » Mais Molyneux n'alla pas jusqu'au bout de sa conception. « Le Dr Barclai est le premier qui ait pensé que la vue par elle-même ne jugerait d'aucune de ces choses » : distance, situation, grandeur, figure. L'observation de Cheselden manque de netteté ; il faudrait enfermer le sujet « dans une loge de glace ». Enfin, « M. de Voltaire a ajouté de nouvelles lumières » ; il écrit : « Nous apprenons à voir précisément comme nous apprenons à parler et à écrire. »

Dans l'*Art de penser,* Condillac récrira : « On ne peut avoir l'usage des sens qu'on n'ait aussitôt l'idée de l'étendue avec toutes ses dimensions. » L'extériorisation reste due à la sensation de solidité.

Quelle est la doctrine vraie de Condillac ? L'adop-

tion de la thèse de Berkeley a-t-elle simplement
introduit une coupure temporaire dans la trame de sa
pensée ? Il est certain qu'il fut au début simplement
nativiste : chaque sens possède immédiatement et
sans expérience la notion implicite de l'étendue. Dans
sa vieillesse, il reprend ses idées premières. Toutefois, il est important de remarquer que les difficultés,
les embarras de notre auteur lui viennent tous de la
théorie berkeleyenne. Le sens de l'étendue étant
supposé inné, la statue sent tout naturellement son
corps et les autres corps comme étendus. La solidité
les extériorise. Si le tact seul, au contraire, révèle
l'étendue, la connaissance du corps propre et des
autres ne peut se produire que par un tour de passe-
passe. Il est évident que le sens de l'étendue ne peut
naître que de lui-même. Quant au privilège de la
solidité, il se réduit à ceci : à la représentation *objective* de l'étendue visuelle, s'oppose une réaction
affective interne qui m'avertit de ma limitation propre.
La vue extériorise de soi ; le tact, au contraire, *inté-
riorise*.

A un autre point de vue, Condillac maintient ses
positions. Tout le développement de la statue a pour
unique « loi », pour seule « cause », le besoin. C'est
lui qui la fait passer de l'amour-propre à l'amour
d'autrui. Le plaisir et la douleur sont « l'unique principe » de ses opérations. Sans eux, les impressions
des objets « passeraient comme des ombres et ne
laisseraient point de traces ». Ils sont « ses seuls
maîtres ».

Le *Traité des sensations* suscita à son auteur quelques déboires inattendus. Plusieurs écrivains récla-
mèrent pour eux-mêmes la paternité de l'hypothèse
de la statue, Diderot le premier. Dans la *Lettre sur
les sourds et muets à l'adresse de ceux qui entendent et
qui parlent* (1751), pamphlet anonyme à l'adresse de
Batteux, était, à propos de l'inversion, imaginée
une société de cinq personnes, pourvues chacune

d'un seul sens ; la conclusion était que seules les connaissances abstraites sont communes. « Elles pourront toutes être géomètres, s'entendront à merveille, et ne s'entendront qu'en géométrie. » Grimm écrivait : « Il faut convenir qu'il y a plus de génie dans ce peu de lignes que dans tout le *Traité des sensations.* » Et encore : « N'en déplaise à M. l'abbé de Condillac, quand on veut être lu, il faut savoir écrire. » Grimm médisait, il y a loin de l'analyse de celui-ci au superficiel bavardage de celui-là.

Après Diderot, Buffon se mit sur les rangs. Dans son *Histoire naturelle de l'homme* (1749), il représente Adam jouissant pour la première fois de ses sens : « J'ouvris les yeux,... je crus d'abord que tous ces objets étaient en moi et faisaient partie de moi-même. Tout à coup j'entendis des sons, j'écoutai longtemps, et je me suis persuadé que cette harmonie était moi. » Le morceau a une allure magnifique et grandiloquente. « M. l'abbé de Condillac, écrit encore Grimm, a noyé la statue de M. de Buffon dans un tonneau d'eau froide » ; La Harpe s'associa à ces critiques. — Condillac fut vexé. Il reproche à Buffon de croire qu'un animal qui vient de naître peut juger à l'odorat seul de la nourriture et du lieu où elle est, qu'un homme qui ouvre les yeux avant d'avoir rien touché, discerne la voûte céleste, la verdure des prés, le cristal des eaux. Pour se défendre, il fit le *Traité des animaux,* qui se termine par trente et une questions posées au contradicteur Buffon. Celui-ci, dit-on, fut profondément blessé. — Bonnet imagine aussi une statue dans son *Essai sur les facultés de l'âme.*

M. G. Lyon, à la suite de Lange, suppose qu'un texte d'Arnobe cité dans l'*Histoire naturelle de l'âme* (1745) de La Mettrie a servi à Condillac ; il renvoie aussi à Hérodote, qui raconte une certaine histoire de Psammiticus, roi d'Égypte. Condillac connaissait cette dernière. Mais lui imposer de tels antécédents est tout simplement ridicule. — On peut dire que l'image était dans l'air, mais l'idée est proprement condilla-cienne. On aimait alors les histoires piquantes. Notre auteur parle plusieurs fois d'un enfant de Lithuanie, élevé parmi les ours, et d'un jeune homme de Chartres qui, subitement à vingt-quatre ans, se mit à parler. Cette dernière anecdote se trouve déjà dans La Mettrie. Michelet est mieux inspiré, pour qui le *Traité des sensations* « contient tout le siècle ». Il avait « de quoi plaire aux femmes spirituelles de cette époque ». (Picavet). Et le succès fut grand.

IV

L'Analyse et la science

La méthode de Condillac est et veut être l'*analyse*. Dès son premier ouvrage, l'*Essai sur l'origine des connaissances humaines,* il en a une conception très nette et qui demeurera invariable. « Elle ne consiste qu'à composer et décomposer nos idées pour en faire différentes comparaisons, et pour découvrir, par ce moyen, les rapports qu'elles ont entre elles, et les nouvelles idées qu'elles peuvent produire. Cette analyse est le *vrai secret des découvertes,* puisqu'elle nous fait toujours remonter à l'*origine* des choses. Elle a cet avantage qu'elle n'offre jamais que peu d'idées à la fois, et toujours dans la *gradation* la plus simple. Elle est ennemie des principes vagues et de tout ce qui peut être contraire à l'exactitude et à la précision. » Elle n'a pas besoin de propositions générales, de définitions ; mais, par une *espèce de calcul,* elle cherche la vérité « en expliquant la géné-ration de chaque idée. » Ainsi, « elle est la seule méthode qui puisse donner de l'*évidence* à nos raisonnements », donc l'unique qui doive être suivie. Mais elle « suppose une grande connaissance des progrès des opérations de l'âme ». — Condillac ne changera rien à cette théorie, mais ira l'approfondissant.

Remarquons bien en quoi consiste au juste l'analyse. « Il est nécessaire de décomposer, écrit-il dans l'*Art de raisonner,* pour connaître chaque qualité séparément, et il est nécessaire de *recomposer,* pour connaître le *tout,* qui résulte de la réunion des qualités connues. » Ainsi fait-on pour un corps ; cette double opération faite, nous le connaîtrons autant qu'il est en notre pouvoir de le connaître. Dans la *Logique,* il répète : *Nous ne décomposons que pour recomposer,* exactement comme font « les plus petites couturières » ou les horlogers. De même, dans la *Langue des calculs :* « On fait pour défaire, et on défait pour refaire, Voilà tout l'artifice : il est simple. Car si vous savez faire, vous savez défaire, et si vous savez défaire, vous savez refaire. » L'analyse est « proprement le levier de l'esprit. » (*Logique.*) C'est la méthode même de l'invention. Elle a créé les arts et les sciences.

L'analyse résulte du concours de toutes les opérations intellectuelles : elle est l'observation successive et ordonnée. La condition et le moyen de l'analyse, c'est la *liaison des idées.* « Que je considère un objet par le côté qui a le plus de liaison avec les idées que je cherche, je découvrirai tout ; l'analyse se fera presque sans effort de ma part, et à mesure que j'avancerai dans la connaissance de la vérité, je pourrai observer jusqu'aux ressorts les plus subtils de mon esprit, et par là apprendre l'art de faire de nouvelles analyses. Toute la difficulté se borne à savoir comment on doit commencer pour saisir les idées selon leur plus grande liaison. Je dis que la combinaison où cette liaison se rencontre est celle qui se conforme à la génération même des choses. Il faut, par conséquent, *commencer par l'idée première qui a dû produire toutes les autres.* » C'est à la connaissance que nous avons acquise des opérations de l'âme dans leur *progrès,* à nous apprendre la conduite que nous devons tenir dans la recherche de la vérité. De là, voici le problème que propose Condillac au terme de l'*Essai :* « L'ouvrage d'un homme étant donné, déterminer le caractère et l'étendue de son esprit », quels talents il a et peut acquérir : ainsi la première pièce de Corneille contient tout le reste. « Je doute qu'il y ait beaucoup de problèmes plus difficiles que celui-là. » — Du reste, la liaison des idées est le grand « ressort » intellectuel, le principe explicatif par excellence de l'habitude, de la mémoire et de la pensée, voire du style et du génie. — *L'imagination,* elle aussi, a son principe dans la liaison des idées, mais cette liaison est quelconque : elle a besoin d'être dirigée, suspendue ou arrêtée par l'analyse. Elles doivent se tempérer mutuellement, allier ainsi agrément et justesse. Dans le fond, elles diffèrent du tout au tout. Seule, l'imagination n'enfante que des rêves extravagants ; elle n'invente rien. « L'analyse fait les poètes, comme elle fait les mathématiciens. En effet, le sujet d'un drame étant donné, trouver le plan, les caractères, leur langage sont autant de problèmes à résoudre, et tout problème se résout par l'analyse. Qu'est-ce donc que le génie ? Un esprit simple qui trouve ce que personne n'a su trouver avant lui... Il commence par le commencement, et il va devant lui. Voilà tout son art, art simple, que par cette raison l'on ne lui dérobera pas. » *(Langue des calculs.)* L'empire de l'imagination finit où celui de l'analyse commence.

L'analyse a donc pour but, en suivant les relations naturelles, de découvrir l'idée, le *fait premier* qui explique tout le reste. En effet, nos connaissances doivent former un système où les différentes parties rendent raison les uns des autres, et « où elles se rapportent toutes à un premier fait bien constant, dont elles dépendent uniquement », qui en est le commencement, le « principe ». *(Traité des systèmes.)* Or, précisément c'est ce qu'omet de faire la *synthèse.* « On suppose que le propre de la synthèse est de composer nos idées, et que le propre de l'analyse est de les décomposer... Qu'on raisonne bien ou mal, il faut nécessairement que l'esprit *monte et descende* tour à tour ; ou il lui est essentiel de composer, comme de décomposer, parce qu'une suite de raisonnements n'est et ne peut être qu'une suite de compositions et de décompositions. Il appartient donc à la synthèse de décomposer comme de composer, et il appartient à l'analyse de composer comme de décomposer. Il serait absurde d'imaginer que les deux choses s'excluent, et qu'on pourrait raisonner en s'interdisant à son choix toute composition ou toute décomposition. En quoi diffèrent donc ces deux méthodes ? En ce que *l'analyse commence toujours bien,* et que la synthèse commence toujours mal. Celle-là, sans affecter l'ordre, en a naturellement, parce qu'elle est *la méthode de la nature;* celle-ci, qui ne connaît pas l'ordre naturel, parce qu'elle est la méthode des philosophes, en affecte beaucoup, pour fatiguer l'esprit sans l'éclairer. En un mot, la vraie analyse... est celle qui commence par le commencement. » — Qu'est-ce à dire ? L'analyse observe et cherche le fait explicatif ; la synthèse procède *à priori,* par définitions décrétées de primeabord, par maximes et principes abstraits, d'où l'on déduit par la pure logique, *syllogistiquement* et « à perte de vue ». Or il n'y a pas de tels principes, parce qu'il n'y a pas de « connaissances premières ». Les principes ne peuvent être que des résultats aptes à soulager la mémoire. La synthèse prétend tout définir et par là arrive à des absurdités : tel Wolf qui définit l'existence, le complément de la possibilité, et la possibilité la non-implication de contradiction; il en résulte donc que l'existence est le complément de la non-implication de contradiction. Aussi, les philosophes ont-ils réalisé jusqu'au « néant ». Telle est l'erreur des Grecs qui pensaient par des définitions montrer l'essence des choses; et surtout des *innéistes,* pour qui toutes les connaissances ne sont que des « *déductions* » de ces principes innés. Ils renversent l'ordre de la génération de nos idées. Rien n'est plus propre à expliquer une notion que celle qui l'a engendrée. Et Condillac s'en prend au principe fondamental des Cartésiens : « On peut affirmer d'une chose tout ce qui est renfermé dans l'idée claire que nous en avons. »

Si l'on veut comprendre le dessein de Condillac quand il propose l'analyse, il faut opposer cette méthode à celle que Descartes résume dans les quatre règles du *Discours*. Celui-ci partait de l'évidence, c'est-à-dire de l'idée claire et distincte, posée *à priori*. Celui-là part des faits. On a vu ce qu'il faisait de la deuxième (analyse) et de la troisième (synthèse) règles de Descartes. Nous verrons où il place l'évidence.

En effet, l'analyse contient toute la méthode. Elle suffit d'abord à la *démonstration* : démontrer, c'est analyser. « Démontrer, lit-on dans l'*Art de raisonner,* c'est traduire une proposition évidente, lui faire prendre différentes formes, jusqu'à ce qu'elle devienne la proposition qu'on veut prouver. Les démonstrations ne se font donc jamais que par une suite de propositions *identiques*. » Dans la *Logique* : « c'est l'analyse qui démontre dans toutes » les sciences. Les diverses analyses ordinairement distinguées : logique, métaphysique, mathématique, ne sont en réalité qu'*une* seule méthode, « *la même* dans toutes les sciences, parce que, dans toutes, elle conduit du connu à l'inconnu par le raisonnement, c'est-à-dire par une suite de jugements qui sont renfermés les uns dans les autres... *Cette identité fait toute l'évidence du raisonnement* ». — Or une démonstration n'est pas une démonstration, ou elle en est une rigoureusement. Et une démonstration générale n'est que la particulière généralisée. La *Logique* continue : « Si les données ne renferment pas toutes les connues nécessaires pour découvrir la vérité, le problème est insoluble... Il y a donc deux choses dans une question : l'énoncé des données est proprement ce qu'on entend par l'état de la question, et le dégagement des inconnues est le raisonnement qui le résout... Alors, le raisonnement s'est fait en quelque sorte *tout seul,* parce que les inconnues se sont dégagées comme d'elles-mêmes. »

A une telle analyse, à un raisonnement où toutes les propositions s'identifient, se réduit la *psychologie* entière. « Demander quelle est l'origine et la généra-tion des facultés de l'entendement, c'est demander quelle est l'origine et la génération des facultés par lesquelles l'homme, capable de sensations, connaît les choses en s'en formant des idées ; et on voit aussitôt que l'attention, la comparaison, le jugement, la réflexion, l'imagination et le raisonnement sont, avec les sensations, les *connues* du problème à résoudre, et que l'origine et la génération sont les inconnues. Voilà les données dans lesquelles les connues sont mélan-gées avec les inconnues. Mais comment dégager l'origine et la génération, qui sont ici les inconnues ? Rien n'est plus simple. Par l'origine, nous entendons la connue qui est le principe ou le commencement de toutes les autres ; et par la génération, nous entendons la manière dont toutes les connues viennent d'une première. Cette première qui m'est connue comme faculté, ne m'est pas encore connue comme première. Elle est donc proprement l'inconnue qui est mélangée avec toutes les connues, et qu'il s'agit de dégager. Or, la plus légère observation me fait remarquer que la faculté des sentiments est mélangée avec toutes les autres. La sensation est donc l'inconnue que nous avons à dégager, pour découvrir comment elle devient successivement attention, comparaison, jugement, etc. C'est ce que nous avons fait ; et nous avons vu que, comme les équations $x - 1 = y + 1$ et $x + 1 = 2y - 2$, passent par différentes transformations pour devenir $y = 5$ et $x = 7$; *la sensation passe également par différentes transformations pour devenir l'entende-ment.* » Le raisonnement est donc une « *suite de tra-*

ductions ». Dans l'*Art de raisonner,* Condillac assimilait déjà ce raisonnement sur la sensation transformée à la démonstration géométrique : la mesure du triangle est le produit de sa hauteur par la moitié de sa base ; et concluait : « *L'identité fait l'évidence de l'une et de l'autre.* »

De même, la physique devrait être traitée déductivement. « Je verrais également toutes les propriétés de l'*or* dans son essence, continue Condillac dans sa *Logique,* reprenant l'exemple de Locke, si je la connaissais. Sa pesanteur, sa ductilité, sa malléabilité, etc., ne seraient que son essence qui se transformerait ; et j'en pourrais découvrir toutes les propriétés par un raisonnement qui ne serait qu'une suite de propositions identiques. Mais ce n'est pas ainsi que je les connais. A la vérité, *chaque proposition* que je fais sur ce métal, si elle est vraie, *est identique.* Telle est celle-ci : l'or est malléable ; car elle signifie : un corps que j'ai observé être malléable et que je nomme or, est malléable... Mais *je n'aperçois point* l'identité d'une proposition à l'autre. »

Il apparaît donc clairement que, pour Condillac, la connaissance doit se former déductivement à partir d'un fait premier : sensation, « qualités primitives », par un enchaînement rigoureux et évident d'identités. L'*Art de penser* est tout aussi affirmatif. « Une proposition n'est que le développement d'une idée comprise en tout ou en partie. » La science complète serait « l'expression abrégée de tout ce que nous saurions, dans cette proposition identique : *le même est le même* ». Ainsi la psychologie se réduit à ceci : « les sensations sont des sensations. »

Il y a, en effet, trois sortes d'*évidence :* l'évidence de fait, l'évidence de sentiment, l'évidence de raison, laquelle est donnée par la démonstration. (Le témoignage peut suppléer aux trois.) Or, les sciences qui démontrent rigoureusement sont dites exactes : ce sont les *mathématiques,* où les définitions donnent les essences. Cependant, le rôle des définitions n'est que de faire « voir » le défini ; ce sont des analyses faites du premier coup : ainsi la ligne droite n'a nul besoin d'être définie, parce que idée simple. Les mathématiques sont bien l'œuvre de l'analyse, qui y est même poussée « jusque dans les derniers termes ». Ainsi, « les *nombres* ne sont que la suite des collections formées par la multiplication de l'unité, et fixées dans l'esprit par des signes imaginés avec ordre ».

« Il me parut, déclare Condillac dans l'introduction de l'*Essai* d'après Locke, qu'on pouvait raisonner en *métaphysique* et en *morale* avec autant d'exactitude qu'en géométrie. » En effet, « en métaphysique on marcherait d'un pas assuré avec des idées bien déterminées, et, sans ces idées on s'égarerait même en arithmétique. » Jusqu'ici, ce n'est qu'un ramas d'idées abstraites. Cependant, elle devrait bien être la science totale, fondamentale, des choses du dedans et de celles du dehors. La bonne métaphysique « ne demande point d'efforts ». Elle ne fait que de naître. Sans doute, se connaître soi-même est difficile : nous supposons ce qui n'y est pas, nous déguisons ce qui y est : il s'agit surtout de distinguer habitude et nature.

La *physique* devrait, elle aussi, nous l'avons vu, être démontrable rigoureusement. « Il n'y a proprement qu'une science, c'est l'histoire de la nature », intérieure ou extérieure. Or, « l'évidence de fait fournit tous les matériaux de la physique, et doit toujours être accompagnée de l'évidence de raison. Celle-là donne les choses qui ont été observées. Celle-ci fait voir par quelles lois elles naissent les unes des autres... *Toutes les conditions étant données, l'évidence de raison est certaine : mais c'est à l'évidence de fait de prouver que nous n'avons oublié aucune des conditions...* Tous les faits de cette espèce (naturels) se nomment *phénomènes,* et les lois dont ils dépendent se nomment *lois naturelles.* L'objet de la physique est de connaître ces phénomènes et ces lois ». Pour cela il faut « faire des expériences,... rapprocher, dégager, mettre à la portée de notre vue » les faits. On avouera que ce passage de l'*Art de raisonner* est d'une admirable précision technique.

Qu'est-ce donc que la *science ?* « J'entends par science *un corps systématique d'observations et de raisonnements.* » (*Histoire ancienne,* t. III.) D'abord, la science part des faits : c'est l'axiome empirique. « Les faits constatés, voilà proprement les seuls principes des sciences. » « En partant de ce que l'on sent, on part de quelque chose de déterminé. » *(Traité des systèmes.)* De même, l'historien part de documents. « Puisque les physiciens doivent se borner à mettre en système les parties de la physique qui leur sont connues, leur unique objet doit être d'*observer les phénomènes,* d'en saisir l'*enchaînement,* et de remonter jusqu'à ceux dont plusieurs autres dépendent. Mais cette dépendance ne peut pas consister dans un rapport vague : *il faut expliquer si bien les effets que leur génération en soit sensible.* Tout consiste donc, en physique, à *expliquer des faits par des faits.* » *(Ibid.)* La science est donc un mélange d'observations et de raisonnements ; il faut, comme le veut Bacon, aller des faits à des axiomes de plus en plus généraux, puis des axiomes aux faits, « monter et descendre par degrés ». Par là, nous rendrons raison des phénomènes et ferons « servir la nature à nos usages ». Nous pourrons la « *régler...,* en mesurant et en calculant... En un mot, la géométrie doit être appliquée à la mécanique, et ces deux sciences doivent l'être ensemble à toutes les parties de la philosophie, et se perfectionner avec elles ». *(Histoire moderne,* l. XX.) « L'univers n'est qu'une grande machine », et toute machine se ramène au levier. Newton réduisait le monde à une balance. Condillac a appris Newton et prépare Comte. La science physique est donc théoriquement faisable. Sans doute, nous paraissons fondés à croire que la nature agit par les voies les plus simples. Mais nous n'aurions jamais « assez d'observations pour faire un système général ». Il faudrait trouver un « premier ressort ». La médecine, par exemple, est toute en conjectures. Jusqu'à maintenant, on peut dire que « les sciences sont de belles et grandes routes que la nature avait ouvertes et tracées, et dont les hommes ont fermé l'entrée ».

Or, la science est une, puisque la méthode est une ; et la science est illimitée. « Les sciences ne sont que plusieurs échelles mises bout à bout. Pourquoi donc ne pourrions-nous pas, d'échelon en échelon, monter jusqu'au dernier. » *(Grammaire)*.

Cependant, la science a des « *bornes* ». — Nous ne connaissons absolument pas la nature des choses : des *corps* d'abord. Nous ne savons absolument pas quelle réalité correspond aux sensations. Locke distinguait entre qualités premières objectives et qualités secondes (ou troisièmes) subjectives. Cette distinction n'apparaît nulle part chez Condillac. Il admet implicitement ici la doctrine de Berkeley. « Je ne dis pas qu'il n'y a point d'étendue, je dis seulement que nous ne l'apercevons pas dans nos propres sensations. D'où il s'ensuit que nous ne voyons point les corps en eux-mêmes. Peut-être sont-ils étendus et même savoureux, sonores, colorés, odoriférants ; peut-être ne sont-ils rien de tout cela. Je ne soutiens ni l'un ni l'autre et j'attends qu'on ait prouvé qu'ils sont ce qu'ils nous paraissent, ou qu'ils sont tout autre chose. » — Cependant, les corps existent et nous obligent à sortir continuellement hors de nous. « L'évidence de sentiment vous démontre l'existence de ces apparences, et l'évidence de raison (et la foi) vous démontre l'existence de quelque chose qui les produit. » Apparence suppose effet, qui suppose cause. Il y a certainement quelque chose, mais nous n'en connaissons pas la nature. C'est l'x de Kant. Au reste, cela importe peu.

On peut distinguer dans le corps des qualités *absolues,* comme l'étendue, « qu'on peut connaître sans le comparer avec un autre ». Elle est supposée par toutes les modifications ; c'est, avec le mouvement, la qualité « principale ».

La *substance,* d'une façon générale, est inconnaissable. « Ces sortes de fantômes ne sont palpables qu'au tact des philosophes. » C'est un « *cela* », un « *ce qui* »; nous ne connaissons que des qualités relatives à nous, les rapports des objets à nous ou entre eux. C'est un « *Protée* », « l'idée de quelques qualités réunies quelque part... Aucun philosophe ne saurait montrer la détermination essentielle d'une substance quelconque... Ce n'est là que faire des mots ». Nous n'avons connaissance que des qualités, connaissance « nécessairement incomplète »; non pas cependant obscure et confuse : « elle n'est que *bornée* ». — Nos sensations, en tant que perceptions, ne peuvent être que vraies, nous assurant de ce que nous sentons. Le jugement qui objective peut être faux. Aristippe de Cyrène et Épicure ont les premiers reconnu cette vérité.

Comme Locke, Condillac admet des idées simples et des idées complexes : celles qui sont notre œuvre sont des notions archétypes, donc complètes, comme en mathématiques ; des idées simples ne peuvent donner lieu à aucune méprise. — De même Condillac admet la doctrine de Locke sur la durée et sur l'espace. Nous connaissons la durée par la succession de nos idées, l'espace par leur coexistence. La durée se présente comme une ligne ; elle n'est point absolue. Vraisemblablement, il n'y a pas deux hommes qui, dans un temps donné, comptent un nombre égal d'instants. C'est donc une erreur que de penser que tous les êtres comptent le même nombre d'instants. Je conçois l'existence de Dieu comme un « instant indivisible et permanent ». Car durer, c'est changer. Ainsi, par le sommeil le corps pourrait « essuyer » des milliers d'instants qui ne coexisteraient qu'à deux instants de la durée de l'âme. — L'espace vide est conçu par

le marque de résistance. Par des abstractions succes-
sives, nous formons les idées de surface, de ligne, de
point, idées qui nous viennent de l'étendue concrète.
Mais l'espace pur n'est qu'une abstraction. — De
même, l'idée de l'unité nous vient des états que nous
distinguons.

Nous ne connaissons pas mieux notre être que les
corps. On peut définir l'âme « *une substance qui
sent* ». Le sujet des opérations demeure inconnu.
Toutefois, l'âme ne juge et ne raisonne que parce
qu'elle a des sensations. La faculté de sentir la distingue donc. Le corps est une *substance étendue*. Or,
l'étendue et la sensation étant deux propriétés
incompatibles, âme et corps sont absolument différents. Le corps n'est qu'un amas, une multiplicité. Or
la pensée exige unité ; et de plus, « un amas, un
assemblage, est-ce une chose qui existe ? » *(Art de
penser.)* Notre âme est immortelle. Certes Dieu peut
l'annihiler ; mais sa justice l'en empêche, et nous pouvons être assurés. — La définition de l'âme : une
substance qui sent, n'est pas une connaissance première, mais une conclusion de l'analyse de l'entendement.

Les *animaux* nous sont connus par analogie. Ils
comparent, jugent, ont des idées et de la mémoire,
à peu près dans le même ordre et de la même façon
que nous. Leurs pensées se forment, comme les
nôtres, par l'habitude, guidée par les besoins et la
réflexion ; puis l'habitude constituée rend l'activité
irréfléchie. Leurs connaissances ne forment « qu'une
même chaîne », et des « tourbillons » dans la mémoire.
Les bêtes inventent donc. Nous aussi, nous avons un
moi d'habitude et un moi de réflexion. Mais comme
comme elles ont peu de besoins, l'habitude est vite
apprise et l'instinct est cette habitude privée de
réflexion, la même dans la même espèce, puisqu'elle
dépend de l'organisme. Du reste, les hommes ne sont
si différents que « parce que ce sont de tous les ani-

maux ceux qui sont le plus portés à l'imitation ».
L'*Essai* était à tendance moins évolutionniste que le
Traité des animaux : l'instinct « exclut la mémoire,
la réflexion et les autres opérations de l'âme ».

Ce qui nous distingue des bêtes, c'est la connaissance de *Dieu* et de la *morale*. — L'idée de Dieu est le
grand argument des philosophes qui croient aux
idées innées. Sans doute, si nous connaissions
l'essence de l'être *infini,* nous connaîtrions l'essence
de tout ce qui existe. La notion de Dieu n'est pas
infinie, ne renfermant, comme toute idée complexe,
qu'un certain nombre d'idées partielles. — La preuve
de l'existence de Dieu est facile à fournir : elle est
classique : « Un concours de causes m'a donné la vie.
S'il n'y avait point d'horloger, il n'y aurait point de
montre... Il y aurait proprement une infinité d'effets
sans cause : évidente contradiction. Le hasard n'est
qu'un mot. » — De son infinité, découlent les attributs
de Dieu : « Il est permanemment et tout à la fois tout
ce qu'il peut être, il est immuable. — Une cause première, indépendante, unique, immense, éternelle,
toute-puissante, immuable, intelligente, libre et dont la
providence s'étend à tout » : voilà Dieu, L'athéisme
consiste à retrancher une seule de ces idées. Il ne peut
y avoir de peuples athées. « Dieu ne tombe pas sous
les sens ; mais il a imprimé son caractère dans les
choses sensibles. *Nous l'y voyons,* et les sens nous
élèvent jusqu'à lui. » L'idée de Dieu « ne vient et *ne
peut venir que des sens* ». — Aussi — et il semble y
avoir ici contradiction dans la doctrine de Condillac
— pas plus que du nombre infini, nous n'avons une
idée positive de l'*infini*, bien que des philosophes
l'aient mis partout. « L'infini, écrivait-il contre Leibniz, est une idée que nous n'avons pas, mais que
nous jugeons différente de celle que nous avons. »

Les hommes ont besoin de secours mutuels. Ils
s'engagent donc réciproquement ; ils conviennent de
ce qui sera permis ou défendu, et leurs *conventions*

sont autant de lois auxquelles les actions doivent être subordonnées. « C'est en cela que consiste uniquement la *moralité*. Cependant, ces lois ne sont point arbitraires. Nous ne les avons pas faites seuls ; la nature les faisait avec nous, elle nous les dictait, et il n'était pas en notre pouvoir d'en faire d'autres. Les besoins et les facultés de l'homme étant donnés, les lois sont données elles-mêmes ; et quoique nous les fassions, Dieu qui nous a créés avec tels besoins et telles facultés, est, dans le vrai « *notre seul législateur*. En suivant ces lois conformes à notre nature, c'est donc à lui que nous obéissons. Il n'est même point d'hommes qui ignorent absolument cette loi : car nous ne saurions former une société, quelque imparfaite qu'elle soit, qu'aussitôt nous ne nous obligions les uns à l'égard des autres ». — Législateur, Dieu nous récompensera ou nous punira. C'est ce qui explique la vie future et l'immortalité. (Kant ne raisonne pas autrement.) L'âme des bêtes est simple comme la nôtre, mais est mortelle, n'acquérant ni mérite ni démérite. Ainsi, la vraie philosophie se conforme à la *foi*.   .

Nous pouvons maintenant saisir l'ensemble de nos connaissances dans leur rapport à la méthode. Il y a un ordre naturel de la connaissance, celui dans lequel la nature offre les objets. Chaque sens décompose : donc « il suffit d'avoir des sens pour avoir des idées abstraites ». Le toucher seul donne des touts. Nous connaissons les opérations de notre âme par une génération successive. « Toutes nos idées ne sont que différentes combinaisons de ces deux premières espèces. Si nous nous bornons à juger des qualités sensibles, nous nous faisons toutes les idées abstraites de mathématique et de physique. » L'analogie nous fait connaître les animaux. « Si nous jugeons de la cause par les effets, nous nous élevons par la considération de l'univers à la connaissance de Dieu. Enfin, si nous considérons toutes nos facultés relativement à la fin, à laquelle nous connaissons par la raison que Dieu nous

destine, nous nous formons des idées de religion naturelle, de principes de morale, de vertus, de vices, etc...
Ainsi les idées abstraites de couleur, de son, etc.,
viennent immédiatement des sens; celles des pensées de
notre âme sont dues tout à la fois aux sens et à l'esprit,
et les idées de la divinité et de la morale appartiennent
à l'esprit seul. Je dis *à l'esprit seul,* parce que les sens
n'y concourent plus par eux-mêmes ; *ils ont fourni
les matériaux,* et c'est l'esprit qui les met en œuvre. »
Les idées complexes seules sont l'œuvre de l'esprit.

La méthode scientifique, l'analyse consiste donc à
retrouver dans les idées complexes les idées simples
par la décomposition *entière* de son objet. « Quand
nos analyses sont complètes en elles-mêmes, nous
avons des connaissances *absolues,* c'est-à-dire que
nous savons ce que les choses sont en elles-mêmes...
L'analyse des facultés de l'âme est complète, si nous
nous contentons de remonter jusqu'aux sensations
simples,... dégagées de tout jugement ; mais elle est
complète, si nous voulons pénétrer dans la nature
de l'être sentant. » La géométrie a des analyses complètes, qui ne présupposent rien. La physique n'en a
pas : peut-être les portions d'un même métal ne
sont-elles pas homogènes. — L'ordre de distribution
des idées est inverse de celui de leur acquisition : il
va du général au particulier. — Toujours est-il que la
méthode est unique : « l'identité, qui fait seule en
mathématiques la force des démonstrations, donne
aussi des démonstrations dans les autres sciences. »
Toutes nos idées sont dues à l'analyse. L'identité
bien conduite supprimerait les raisonnements : un
simple énoncé suffirait. Qui sait apprendre une chose
peut les apprendre toutes. C'est aux méthodes que
notre esprit doit ses progrès en tous genres. « Une
bonne méthode est un télescope avec lequel on voit ce
qui échappe à l'œil nu. » Aussi, cette logique ne
ressemble-t-elle « à aucune de celles qu'on a faites
jusqu'à présent ».

Par l'emploi de la méthode, nous pouvons éviter l'*erreur*, laquelle n'est due qu'à l'emploi d'idées, de principes ou de mots mal déterminés, ou bien à de mauvaises liaisons d'idées. Ainsi, en morale, chaque homme ayant assez de lumières pour discerner l'honnête, s'il y a désordre, « il y a de quoi rétablir l'ordre ». — « Les erreurs commencent lorsque la nature cesse de nous avertir de nos méprises. »

V

Le nominalisme
et la langue des calculs

L'analyse est donc l'unique méthode. Mais l'analyse ne se fait pas sans signes. Telle est la doctrine constante de Condillac, et dès le début. « Pour faire cette décomposition, dit-il à son élève dans la *Grammaire,* vous avez distribué avec ordre les mots qui sont les signes de vos idées... C'est donc à l'usage des mots que vous devez le pouvoir de considérer vos idées chacune en elle-même, et de les comparer les unes avec les autres, pour en découvrir les rapports... L'affirmation est en quelque sorte moins dans votre esprit que dans les mots qui prononcent les rapports que vous apercevez. » Sans signes, répète-t-il partout, pas d'analyse : les connaissances demeurent confuses, indistinctes, à l'état d'instinct. Les connaissances de théorie supposent un langage qui classe et détermine méthodiquement les idées.

Les signes *artificiels* ou d'institution sont plus particulièrement nécessaires : ce sont des signes dont le choix est fondé en raison, nullement arbitraires. « Sans signes artificiels, ni méthode, ni connaissance », ni réflexion : Wolff l'admet ; ni généralisation. Nous avons déjà vu que la mémoire en dépendait. Sans eux nos facultés ne se développeraient pas. « Toute l'essence du raisonnement consiste dans cette conséquence que nous exprimons par un *donc*. » En voici la raison marquée dès l'*Essai* : les idées se lient avec les signes, et ce n'est que par ce moyen qu'elles se lient entre elles. L'usage des signes est donc le principe qui développe le germe de toutes nos idées. Nous ne pouvons non plus réveiller nos idées qu'autant qu'elles sont liées à des signes.

Il s'en suit que les *sciences* ne sont qu'une systématisation de signes. L'arithmétique n'est qu'une invention, une coordination régulière de signes : de là son exactitude. La Condamine parle d'un peuple qui désigne le nombre 3 par ce mot : *poellarrarorincourac* : ce peuple ne peut pas compter. Il faut trois choses pour nombrer : l'unité, la règle de l'addition, des signes. Seul, le signe est déterminé. Sans signes, nous ne pourrions aller au-delà de 3. L'algèbre est la mieux faite des langues, elle fait apercevoir le plus distinctement les identités intermédiaires par où passe le raisonnement. De même, la bonne métaphysique est incluse dans les langues naturelles, produit de l'instinct. Enfin, nous ne pouvons réfléchir sur les substances qu'autant que nous avons des signes, des mots, qui déterminent le nombre et la variété des propriétés, et tiennent ainsi la place des sujets du dehors. « Combien les ressorts de nos connaissances sont simples et admirables ! Des gestes, des sons, des chiffres, des lettres, c'est avec des instruments aussi étrangers à nos idées, que nous les mettons en œuvre pour nous élever aux connaissances les plus sublimes. Les matériaux sont les mêmes chez tous les hommes ; mais l'adresse à se servir des signes varie ; et de là l'inégalité qui se trouve parmi eux. » *(Essai.)*

En effet, non seulement les sciences ont besoin de signes et du langage ; mais *les sciences sont des langues* et les langues sont des sciences. Leurs progrès sont parallèles et connexes. Nous ne pensons qu'avec le secours des mots. Parler, raisonner, se faire des idées abstraites, c'est la même chose. Les langues « *font* nos connaissances, nos opinions, nos préjugés ; en un mot, elle font en ce genre tout le bien et tout le mal ». Le grand fonds des idées des hommes est dans leur commerce réciproque. Et c'est la langue qui préside aux sociétés, fait circuler la « sève ». Il n'est pas à dire que les langues des sciences soient sans défauts ; et même si quelques sciences ne paraissent pas susceptibles de démonstration, c'est que les langues en sont mauvaises. Toujours est-il que l'art de raisonner « se réduit à une langue bien faite ». Cette conception, contenue dans le *Traité des systèmes,* sera développée amplement plus tard. L'algèbre n'est qu'une langue et la plus méthodique, la seule bien faite parce que méthode analytique ; « les mathématiques sont une science bien traitée, dont la langue est l'algèbre... *Créer une science n'est donc autre chose que faire une langue ; et étudier une science n'est autre chose qu'apprendre une langue bien faite. » (Langue des calculs.)* A la limite, « l'étude de la langue nous apprendrait tout : il ne nous faudrait qu'une bonne grammaire et un bon dictionnaire ».

Aussi, les langues ne sont-elles que des *méthodes analytiques* : c'est dans la *Grammaire* que Condillac expose cette découverte, « pensée, dit-il, aussi simple que neuve. En effet, si une pensée est sans succession dans l'esprit, elle en a une dans le discours, où elle se décompose en autant de parties qu'elle renferme d'idées... Penser devient donc un art, et cet art est l'art de parler ». La perfection des langues provient de leur aptitude à l'analyse. « L'analyse de la pensée est toute faite dans le discours. » Bien plus, ce sont les langues qui nous fournissent les moyens d'analyser nos pensées : c'est leur premier objet.

Mais il n'y a que les langues artificielles qui analysent,

puisque c'est l'analyse qui les rend telles, proportion-
nellement. En effet, il y a un premier langage *inné,*
ou langage des idées simultanées, qui, n'analysant
pas, ne peut pas donner d'idées. Condillac consacre
une partie fort importante de son *Essai sur l'origine
des connaissances humaines* à l'histoire primitive du
langage d'action, d'après l'*Essai sur les hiéroglyphes*
de Warburton. Il suppose deux enfants des deux
sexes égarés après le déluge. Ils n'ont d'abord qu'un
langage de gestes, dû aux circonstances ; leur enfant
commence à parler ; ce discours est entremêlé de
mots imitatifs et d'actions : telle la danse des pro-
phètes. La parole ne prévalut que fort tard : les
Chinois ont 328 monosyllabes sur 5 tons : ce qui fait
1640 signes. La déclamation des anciens était chantée,
ayant les deux caractéristiques du chant : la modula-
tion et le mouvement. Sous Auguste, parut la pan-
tomime qui fit fureur : l'amour de la déclamation était
la passion favorite des Romains. La musique longtemps fut inséparable des paroles ; tout paraît prouver
la supériorité des spectacles des anciens. La poésie
fut d'abord une vraie peinture. Les inversions latines
font souvent tableau : tel ce passage de Virgile :

    Exstinctum nymphæ crudeli funere Daphnim
    Flebant...

« Les nymphes en pleurs, Daphnis mourant, cette
mort accompagnée de tout ce qui peut rendre un
destin déplorable, me frappent tout à la fois. » Le langage d'action est le germe des langues et de tous les
arts. Il ne faut que quatre espèces de mots pour exprimer toutes nos pensées : des substantifs, des adjectifs,
des propositions et un seul verbe : être. La métaphysique de sentiment ou d'instinct fait les langues. Nos
langues vulgaires ne sont que les débris de plusieurs
qu'on ne parle plus.

Un des principes condillaciens est que *la nature
commence tout* en nous, et que nous n'avons qu'à la
la suivre : d'elle nous tenons l'analyse. En formant

les organes de notre corps, elle a déterminé nos desseins et nos facultés. Elle a indiqué aux hommes la méthode unique, les mettant dans la nécessité d'observer, et par là la vraie logique. Les langues sont l'ouvrage de la nature, elles se sont formées sans nous. Les besoins sont une suite de notre conformation, dont est une suite le langage d'action. Les besoins, s'étant multipliés, ont accru et altéré les langues. Aussi, dirait-on que les hommes ne sont capables de bien faire que ce qu'ils font à leur insu, et si nous avions été capables de prendre toujours la nature pour guide, nous saurions tout, en quelque sorte, sans avoir rien appris.

La nature étant donnée, il ne reste plus qu'à la développer par l'*analogie,* c'est-à-dire par la recherche des rapports de *ressemblance,* de finalité ou de causalité. L'analogie développe les langues ; la première acception d'un mot étant connue, elle donne les autres. Les premiers signes d'un langage étant donnés, on n'a plus qu'à consulter l'analogie. Si l'usage de chaque mot suppose une convention, la convention suppose une raison qui fait adopter chaque mot et l'analogie donne la loi ; les méthodes aussi ; bien plus, elle est la méthode même d'invention. L'œuvre des génies est de la dégager. « L'analogie est en quelque sorte à l'observation ce qu'un télescope est à l'œil. L'observation et l'analogie déterminent l'étendue de nos connaissances, comme nos yeux et nos télescopes déterminent l'étendue de notre vue. » Toutefois, on peut mal partir au début : ainsi avaient fait les anciens philosophes.

L'analogie inspire l'idée de la *langue des calculs.* Et par là se trouve synthétisée toute la doctrine philosophique de Condillac : l'analyse se termine en un nominalisme ou en un calcul universel. L'*Essai* le fait entrevoir : « Les mots ne doivent-ils pas être aux idées de toutes les sciences ce que sont les chiffres aux idées de l'arithmétique ? Il est vraisemblable que l'ignorance de cette vérité est une des causes de la confusion qui règne dans la métaphysique et de la morale. » « *Equations, propositions, jugements, sont au fond la même chose.* » *(Logique.)* Chacune de ces opérations se faisant à l'aide de signes, est purement *mécanique.* « Je sens que, lorsque je raisonne, les mots sont pour moi ce que sont les chiffres ou les lettres pour un mathématicien qui calcule et que je suis assujetti à suivre mécaniquement des règles. Quant aux métaphysiciens qui croient raisonner autrement, je leur accorderai volontiers que leurs opérations ne sont pas mécaniques ; mais il faudra qu'ils conviennent avec moi qu'ils raisonnent sans règles... Avec des signes algébriques, le calcul et le raisonnement ne demandent presque point de mémoire : les signes sont sous les yeux, l'esprit conduit la plume et la solution se trouve mécaniquement », c'est-à-dire sans arbitraire. Précisément la langue des calculs fait voir « comment on peut donner à toutes les sciences cette exactitude qu'on croit être le partage exclusif des mathématiques... La perfection de cette langue consiste dans la plus grande simplicité. C'est l'*analogie* qui nous conduit d'un langage à un autre, et elle ne nous y conduit que parce que le nouveau que nous adoptons dit au fond la même chose que l'ancien auquel nous le substituons... La langue des calculs a cet avantage que l'analogie n'échappe plus, dès qu'on l'a saisie. Elle est donc la plus parfaite et la plus facile. On peut distinguer dans cette langue quatre dialectes » : des doigts (la première numération a commencé par là), des noms, des chiffres, des lettres. « Nous lui trouverons encore un cinquième dialecte. » Condillac n'a pas précisé davantage sa pensée ; l'ouvrage est inachevé. L'auteur de l'introduction à l'édition de 1821, Théry, écrit que c'était « un premier pas vers l'importante réforme qu'il méditait dans le langage du raisonnement. Il avait, dit-on, conçu le projet de prouver ce qu'il avait soutenu, et de fonder sur les bases de l'analogie une véritable langue philosophique ».

D'après ce que nous possédons, nous sommes loin des précisions et des sages vues de l'art combinatoire et de la langue universelle de Leibniz, repris par les logisticiens contemporains.

On comprend maintenant qu'il n'y ait pour Condillac qu'une science et qu'une méthode : l'analyse qui, « commençant par le commencement, montre dans l'analogie la formation de la langue, et dans la formation de la langue, les progrès des sciences ». Aussi n'y a-t-il point de science qui ne doive être à la portée d'un homme intelligent. Il s'agit simplement de rendre le langage exact, en le réformant sans avoir égard à l'usage, non pas en formant des mots nouveaux, mais en fixant exactement le nombre et la qualité des idées simples qui composent chaque notion complexe, et en remontant *aux idées les plus simples que les sens transmettent.* « Nous *verbiageons* trop pour raisonner toujours bien. »

VI
L'histoire de l'esprit humain

« Les opinions restent. Elles sont de tous les âges : elles ne vieillissent point. » Devant son élève, Condillac, résumant Brucker, oppose aux philosophes grecs « *douze pêcheurs ignorants,* qui, renversant l'empire de l'idolâtrie, élèvent sur ses ruines un autel que rien ne peut ébranler ; alors, rempli de respect, vous rendrez grâce au Dieu qui vous éclaire, et plus vous réfléchirez sur ce contraste, plus vous sentirez la divinité de la religion dans laquelle vous êtes né ».

Après les Chaldéens, les Égyptiens, les Perses, dont quelques erreurs « passent jusqu'à nous », les Indiens, les Scythes, les poètes, « théologiens du

paganisme », viennent les sept sages, puis les philosophes : la secte ionique moraliste, Pythagore. Ses
disciples vivent dans la même maison. Ils ont « cru le
mouvement de la terre, les antipodes, les révolutions
périodiques des comètes, les planètes habitées et les
étoiles autant de soleils, autour desquels roulent
d'autres planètes... *Il a dit* a été la grande raison de
croire. Je vois, d'un côté, un imposteur ambitieux de
se faire un nom et, de l'autre, des enthousiastes
imbéciles ». — Le nom de Socrate « perce dans les
siècles à venir ». La morale parut naître pour la
première fois. Il fut un vrai Prométhée. Il avait montré
le chemin des découvertes ; à sa mort, « quiconque
avait quelque sentiment de vertu répandit des larmes».
Aristippe de Cyrène est le premier qui ait bien parlé
sur les sens. Les Mégariques n'étaient que des
sophistes : ainsi on délirait dans toute la Grèce. —
Quant à Platon, « ses opinions ne parurent qu'un
délire » qui a duré. Il empruntait à tous, surtout à
Pythagore. Ses principes tendent à faire des contem-
platifs qui penseraient s'unir à Dieu en s'abîmant
dans des notions abstraites. Carnéade à la voix ton-
nante soutenait le pour et le contre. « Que penser de
Cicéron qui l'en loue ? » Aristote est le plus célèbre
de l'antiquité. Grande noblesse d'âme, mais philosophie obscure, qui s'en tient au mécanisme du raisonnement. Théophraste eut jusqu'à deux mille
disciples.

« Depuis Socrate, la Grèce est toujours plus agitée.
C'est un théâtre qui s'ouvre à tous les genres d'ambi-
tion, et il est même difficile d'y être spectateur impu-
nément. » La révolution nouvelle consiste à rechercher
le bonheur : tant il fuit. « Le fanatisme d'une fausse
sagesse, un masque de vertu, une barbe et un
bâton » : voilà ce qui attire chez les Stoïciens. Ils nous
anéantissent. L'univers est une circulation continuelle
de corps : un enchaînement de causes et d'effets ; le
destin entraîne qui résiste, guide qui veut. Ceci ne

conduit « qu'à l'enthousiasme ». On compta 298 opinions sur le bonheur. Chez Epicure, le mot volupté
est un « piège ». Les conclusions qu'on en peut tirer,
c'est que nous n'avons qu'à remplir notre devoir, et
nous nous trouverons bien comme nous sommes. En
physique, il n'a que des mots. Au cri de volupté, on
accourut au jardin d'Epicure.

Ne parlons pas des « haillons » de la scolastique : elle
n'était scolastique que par les abus, donc incurable.
« *Nous avons quatre métaphysiciens célèbres :* Descartes, Malebranche, Leibnitz et Locke. Ce dernier
est le seul qui ne fut pas géomètre ; et de combien
n'est-il pas supérieur aux trois autres ! »

Le doute de Descartes est inutile, puisqu'il laisse
subsister les idées. Il commence par des définitions
dont l'évidence est douteuse, au lieu de commencer
par les propriétés de fait : d'où erreurs plus sédui-
santes encore. De son innéisme vient tout le mal.
L'origine en est dans les images qui se peignent dans
les eaux. « On se représenta l'âme comme une *pierre*
sur laquelle ont été gravées différentes figures...
Que les philosophes s'adressent à un graveur, et qu'ils
le prient de graver un homme en général. » Pour
former l'univers, il ne demandait à Dieu que de la
matière et du mouvement ; même les animaux rentraient
dans l'universel mécanisme. Mais il n'y fait qu'un
« roman » popularisé par Fontenelle. Il fut toutefois excellent géomètre, et eut la gloire d'étouffer
l' « hydre » du péripatétisme. Le premier il a rejeté
l'horreur du vide. Que n'eût-il pas fait, avec une
bonne méthode !

Malebranche, le premier, a vu qu'il se mêlait des
jugements dans nos sensations. Son principe est :
« Les idées et les inclinations sont à l'âme ce que
les figures et le mouvement sont à la matière. » A la
vérité, quand il saisit le vrai, personne ne peut lui être
comparé ; ce n'est qu'un bel esprit.

De Leibnitz, Condillac donne dans le *Traité des sys-*

tèmes, chap. VIII, un résumé admirablement compris : « Plus j'étudie le système des monades, plus je vois que tout y est lié. » Par contre, il ne veut voir qu'absurdité et contradictions dans Spinoza : il traduit le premier livre de l'*Ethique* en entier; seules les expressions de nature naturée et de nature naturante sont louées comme énergiques.

« *Immédiatement après Aristote vient Locke.* » Il est, avec Bacon, le seul philosophe qui mérite exception.

De l'époque moderne, Condillac prétend retracer l'ensemble de l'activité intellectuelle. — C'est en Italie, à la fin du XIIIe siècle, que se forme le goût. Les Grecs s'y répandirent « comme un nuage, et interceptèrent la lumière qui venait de se montrer. » Le XVIe siècle a été nommé le siècle de Léon X. « La basilique de Saint-Pierre, des tableaux, des statues, des pierres et des fêtes ont coûté à l'Eglise la moitié de l'Allemagne, les Royaumes du Nord, les Provinces-Unies, l'Angleterre, des millions de Français, et à l'Europe entière tout le sang que les guerres de religion ont fait répandre. » Erasme, le plus bel esprit et le plus éclairé de son temps, était le véritable hérésiarque. Mélanchthon ne connaissait rien qu'Aristote, non pas Luther. Télésio a la gloire d'avoir le premier réfuté solidement Aristote : il en mourut. « On n'a jamais été plus crédule que dans le XVIe siècle. » — Gassendi, à lui seul, voyait, mieux que tout son siècle et que tous les précédents, les défauts du péripatétisme : il crut qu'il serait mieux de remonter des effets aux causes. Le scepticisme s'est fort répandu dans le cours du XVIIe siècle. Bayle est le plus savant et le plus ingénieux sophiste qui ait jamais été.

« Je viens enfin aux vrais philosophes, c'est-à-dire aux hommes de génie faits pour découvrir la vérité et pour la montrer aux autres. » Les découvertes scientifiques n'ont fait un corps qu'à la fin du XVIIe siècle. L'astronomie moderne est née en Allemagne dans le

xv⁰ siècle, elle doit ses progrès à Peurbach et à son
disciple Regiomontanus. « Lorsque Copernic eut tiré
la terre du repos où elle était depuis Ptolémée..., il
semble qu'on voit l'univers se former peu à peu. »
Aussitôt qu'on a su observer, on a été conduit de découvertes en découvertes. « Képler et Galilée *sont*
l'époque où la philosophie commence » : c'est l'histoire
de la nature, elle tient à tous les arts. La découverte
de l'aberration des fixes par Bradley, vers 1725, est la
plus grande preuve de sagacité qu'aucun astronome
ait jamais donnée. Newton résume enfin et systématise
tous les travaux antérieurs ; la gravité est une action
et une réaction par lesquelles tous les corps « se
balancent mutuellement ». Toute cette histoire de la
science est chez notre auteur d'une limpidité vraiment
admirable.

En ce qui concerne les lettres françaises, il se
contente d'abhorrer Ronsard et de rééditer le : « Enfin
Malherbe vint ». Le succès des génies les mieux orga-
nisés dépend tout à fait des progrès du langage,
lesquels dépendent des méthodes de calcul. « Le goût
devient le goût dominant de la nation. Les talents fer-
mentent, tous les arts prennent les caractères qui leur
sont propres, et l'on voit des hommes supérieurs dans
tous les genres... Telle est l'influence des gens de
lettres dans l'Etat ; il me semble qu'on en avait point
encore connu toute l'étendue... C'est aux poètes
que nous avons les premières et peut-être aussi les
plus grandes obligations. » Nous n'aurons jamais de
poète qui égale la force de Milton. « Nous devons
tout à ceux qui ont le don de la parole. » Deux choses
concourent à former le caractère des peuples : le cli-
mat (qui n'agit que sur les organes) et le gouvernement ; la raison n'est jamais retardée dans ses progrès
que par les vices de celui-ci. Les premières lois furent
des conventions communes, dues à des besoins identiques, antérieures à la formation des sociétés. Le
résumé de M. Dewaule : « Mécanisme au début,

contrat à la fin : voilà toute l'histoire de la société »,
s'inspire plus de l'évolutionnisme que de Condillac. De
même que les premières religions adoraient tout
« moteur quelconque », tout devint Dieu ; de même,
tous les arts sortirent de l'agriculture. Nous les devons
aux démocraties grecques. Le luxe est misère et
dévastation.

Un peuple est un « corps artificiel » où doit régner
la discipline qui entretient l'équilibre et identifie les
intérêts. Il ne faut toucher aux établissements de nos
pères qu'à bon escient. Autrement, l'imagination « ne
ferait qu'un roman... Avant tout il faudrait bien voir,
je veux dire voir sans préjugés, et voilà ce qui est
difficile, surtout aux souverains ; car, dans la démo-
cratie, le souverain n'a que des caprices ; dans l'aris-
tocratie, il est tyrannique ; dans la monarchie,
d'ordinaire, il est faible, et sa faiblesse ne le garantit
ni des caprices ni de la tyrannie. Si vous parcourez
les siècles de l'histoire, vous vous confirmerez dans la
maxime que l'*opinion gouverne le monde ;* or, qu'est-
ce que l'opinion, sinon les préjugés ? Voilà donc ce
qui conduit les souverains... Chaque gouvernement a
des maximes, ou plutôt... *une allure...* Il va, à son
insu, *par habitude,* et, sans se rendre raison de ce
qu'il doit faire, il fait comme il a fait. C'est ainsi qu'en
général les nations s'aveuglent sur leurs vrais intérêts,
et se précipitent les unes sur les autres. L'expérience,
qui instruit tous les hommes, ne les instruit pas. *Rien
ne peut donc les instruire.* Je ne prétends pas néan-
moins qu'il ne faille pas tenter de les éclairer, car la
lumière produira toujours quelques bons effets. Elle
en produira du moins chez les nations *qui auront
conservé des mœurs.* »

Au moyen âge, « le désordre s'accrut avec le gouvernement féodal, et fut porté au comble lorsque la
puissance ecclésiastique foula aux pieds les lois qu'elle
devait faire respecter par son exemple. On n'eut plus
aucune idée du droit de la nature et des gens, il ne

resta aucune trace du droit public, on viola sans remords la foi des traités ; souvent même on s'y crut autorisé par le souverain pontife ; les nations ne connurent plus de lien ; les sujets oublièrent la fidélité qu'ils devaient à leur prince ; l'assassinat des rois fut regardé comme une action pieuse ; et les maximes les plus monstrueuses, enseignées par des prêtres, prirent la place d'une religion qui n'aime que la justice et la paix... On disputera sur des mots en croyant disputer sur des choses, *et on s'égorgera pour des mots qu'on n'entendra pas.* »

Grotius fut un homme de génie qui commença à répandre la lumière. Pufendorf est plus méthodique. « Aucun des objets de la politique n'a été oublié. » « *La lumière est le caractère de la vraie science.* La science du gouvernement est celle que les Grecs ont le mieux connue... Les Romains ont eu le malheur de créer la jurisprudence, fausse science. Enfin, la lumière reparaît au XVIᵉ siècle. *Quel serait le siècle le plus heureux ?* Celui où les princes seraient assez éclairés pour mettre eux-mêmes des bornes à leur puissance, et pour reconnaître que les guerres ruinent à la longue les vainqueurs et les vaincus : vérité que l'Europe devrait avoir apprise. »

Aussi reste-t-il beaucoup à faire. « *Les Universités sont vieilles* et ont les défauts de l'âge ; je veux dire qu'elles sont peu faites pour se corriger. Peut-on présumer que les professeurs renonceront à ce qu'ils croient savoir, pour apprendre ce qu'ils ignorent ? Avoueront-ils que leurs leçons n'apprennent rien, ou n'apprennent que des choses inutiles ? Non, mais, comme des *écoliers,* ils continueront d'aller à l'école pour remplir une tâche. Si elle leur donne de quoi vivre, c'est assez pour eux, comme c'est assez pour leurs disciples, si elle consume le temps de leur enfance et de leur jeunesse. Si c'est hors des écoles que nous commençons à nous instruire, *à quoi servent-elles donc ?* » Et Condillac conclut son cours d'études : « C'est moi, Monseigneur, qui ai fini, et vous, vous avez à recommencer. »

VII
Conclusion

Pendant un demi-siècle, jusqu'à Royer-Collard et Cousin, la philosophie de Condillac fut la philosophie française. Écrivant à la Harpe, Voltaire le croit « un des premiers hommes de l'Europe pour la valeur des idées ». Il le prie de faire « un ouvrage méthodique et suivi... Il me semble qu'un tel livre manque en notre nation ». D'Alembert aime en lui le « *lockiste* ». Helvétius lui est sympathique. Même Grimm, le défenseur de Diderot, écrit de sa *Logique* : « Nous ne connaissons point de livre où les premières leçons de l'art de penser soient exposées avec plus d'évidence et de clarté. »

M. Picavet assure, dans *Les Idéologues*, que « Lavoisier ne semble avoir fait une révolution en chimie, que parce qu'il appliquait la méthode décrite par Condillac ». Guyton-Morveau lui devrait l'idée de la nomenclature chimique. De même, dépendent de lui Vicq d'Azyr, Pinel, Cabanis (qui lui reproche de méconnaître l'influence des viscères sur les sens), une double ou triple génération d' « idéologues » : Tracy, de Gérando *(Mémoire sur les signes),* le Biran du *Traité de l'habitude,* le premier Ampère, etc.

Son vrai disciple fut Laromiguière, qui, dit-on, lut huit fois de suite la *Logique.* Il prétend bien ne point admettre la théorie de la comparaison — double sensation ; il veut insister sur l'activité de l'attention : Condillac n'y avait point manqué. Il admettait le nominalisme ; la méthode surtout lui apparaissait « un des chefs-d'œuvre de l'esprit humain ». Il trouve la *Langue des calculs* « d'une perfection désespérante de style. C'est un microscope qui nous rend l'objet que sa petitesse dérobait à nos sens : un télescope qui le rapproche, quand il est trop éloigné ; c'est un prisme qui le décompose...; c'est le foyer puissant d'une

loupe..., c'est enfin le levier d'Archimède qui remue
le système planétaire tout entier, quand c'est la main
de Copernic ou celle de Newton qui le dirige » ! Le
premier en date de nos professeurs éloquents réédita
Condillac en 1798, écrivit en 1805 les *Paradoxes*, où
il exagérait le maître, et en 1815-1818 donna les
Leçons de philosophie, qui passèrent un temps pour
la formule définitive de la dogmatique française :
l'entendement comprend l'attention qui donne les
faits, la comparaison qui trouve les rapports, le raisonnement qui fait les systèmes.

Pour Taine, « l'idéologie est notre philosophie
classique ». Il veut reprendre la méthode analytique de
Condillac : analyser pour déduire ; analyser, c'est traduire. Toutefois, celui-ci ne prétendait point découvrir « l'unité de l'univers » ou « l'axiome éternel ».
Par contre, Lewes a tort de ne voir en lui qu'une
analyse verbale.

La doctrine de Condillac a été l'objet d'accusations
diverses. De son vivant, l'abbé de Lignac l'accusait
déjà de *matérialisme.* Ils « prendront pour un axiome
votre proposition que nous n'apercevons l'étendue
que dans nos sensations. Ils en concluront que dans
le fait ils voient les trois dimensions dans les manières
d'être de leur âme ». Le *Journal de Trévoux,* avant
Royer-Collard, le vengea de ce « soupçon odieux ».
Cependant aujourd'hui encore, Lange et à sa suite
M. G. Lyon veulent voir en Condillac comme un trait
d'union entre Locke et La Mettrie.

D'ordinaire, Condillac est traité de *sensualiste.*
Locke avait posé deux sources de connaissance : la
sensation et la réflexion. Les sens suffisent à son disciple : tout l'entendement n'est que la sensation transformée. Il suffit. Il faut vraiment n'avoir pas la moindre
lecture de Condillac pour juger ainsi. Dès l'*Essai* il
écrit : « *L'âme peut absolument, sans le secours
des sens, acquérir des connaissances.* » Mais le
péché originel a rendu l'âme dépendante du corps :

« de là l'ignorance et la concupiscence. Les choses
ont changé par sa désobéissance ». Tout le « sensualisme » de notre auteur est contenu dans cette pensée
empruntée à Locke : « L'esprit est *purement passif*
dans la production des idées simples. » Mais voici
immédiatement le correctif : « Il est au contraire actif
dans la *génération* » des idées complexes. Qu'est-ce à
dire ? Même dans la « production » des idées simples,
l'esprit est-il « purement passif »? Dans la *Grammaire,*
il écrit : « *Il faut raisonner* pour acquérir jusqu'aux
premières idées qui nous sont transmises par les
sens » ; et il explique : « Toutes les idées qui nous
viennent par le toucher supposent des comparaisons
et des jugements. » Par là, nous devenons maîtres des
sens : la vue devient active par le tact. De plus les
organes ne sont que l'occasion des sensations. « Les
objets agiraient inutilement sur les sens, et l'âme n'en
prendrait jamais connaissance, si elle n'en avait pas
la perception. Ainsi le premier et le moindre degré
de connaissance, c'est d'apercevoir. » *(Art de penser.)*
Dans la sensation, l'âme est dite passive, parce que
toute sa « capacité de sentir » est remplie. De même
que « les plaisirs n'appartiennent qu'à ce qui sent »,
de même la sensation n'appartient qu'à l'âme :
seule, elle sent — donc par une réaction propre — « à
l'occasion des organes ». Donnée, la sensation est
transformée par l'activité de l'âme. « Quand je dis
que toutes nos connaissances viennent des sens, il ne
faut pas oublier que ce n'est qu'autant qu'on les
tire (par la réflexion de l'esprit) de ces idées claires
et distinctes qu'ils renferment. » *(Essai.)* La mémoire,
l'imagination, par le développement de l'attention —
active, bien sûr — « commencent à retirer l'âme de la
dépendance » des objets extérieurs. Enfin, l'attention
cause la liaison des idées. Comme le reconnaît excel-
lemment Maine de Biran : Condillac a mêlé auparavant
à la sensation « cet élément intellectuel qui reste fixe
au fond du creuset de l'analyse ». On n'a pas voulu voir

que ce prétendu sensualisme était surtout dirigé contre Descartes. « Il n'est point vrai que l'entendement ne soit ni libre, ni actif » : ses analyses le prouvent, prétend-il. Mais la difficulté est « *insoluble dans l'hypothèse des idées innées* ». Höffding soutient que Condillac a emprunté à Descartes sa méthode analytique. Je dirais au contraire que le condillacisme tout entier n'est qu'un *anti-innéisme,* un cartésianisme retourné. Il n'y a rien de tout fait dans l'esprit ; pas de principes posés *à priori* et d'où parte la déduction. Les matériaux de nos idées nous viennent de sens : *nous recevons la sensation et faisons tout le reste. Nihil est in intellectu quod non prius fuerit in sensu,* nisi ipse intellectus.

Condillac mérite donc mieux que d'être le grand maître « sensualiste » de l'idéologie. Il doit à Bacon la méthode : monter et descendre ; il doit à Locke l'esprit général du système ; il a emprunté à Berkeley les théories du tact et de l'abstraction, et la subjectivité des sensations. Il ignore totalement Hume.

Mais son universel symbolisme semble bien lui être propre. Il a fait un système, et ce système prépare Kant et Comte : c'est un *positivisme idéaliste.* — S'il n'est pas au premier rang parmi les penseurs, il occupe au second une place fort honorable. Au sens philosophique du mot, il est, au XVIIIe siècle, notre unique philosophe.

TABLE DES MATIÈRES

1359-11. — Imp. des Orph.-Appr., F. Blétit, 40, rue La Fontaine, 40, Paris-Auteuil.